应用心理学丛书

APPLIED PSYCHOLOGY

心理辅导与社会救助

王 玲　徐福宪 主编

Psychological Counseling

Social Relief and Aid

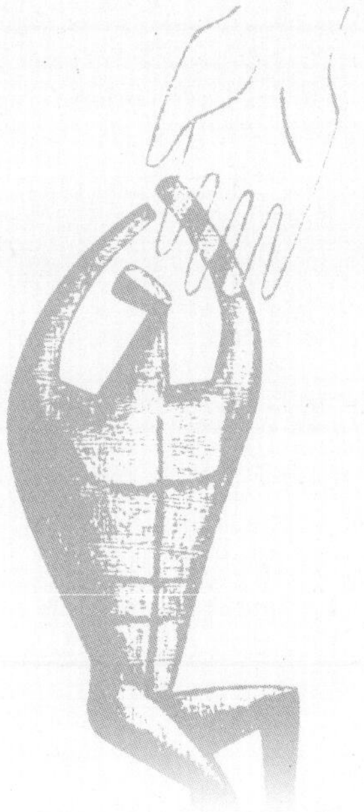

暨南大學出版社
JINAN UNIVERSITY PRESS
中国·广州

图书在版编目（CIP）数据

心理辅导与社会救助/王玲，徐福宪主编．—广州：暨南大学出版社，2010.10
（应用心理学丛书）
ISBN 978－7－81135－628－1

Ⅰ.①心… Ⅱ.①王…②徐… Ⅲ.①社会救济—心理学 Ⅳ.①C913.7－05

中国版本图书馆CIP数据核字(2010)第169485号

出版发行：暨南大学出版社

地　址：中国广州暨南大学
电　话：总编室（8620）85221601
营销部（8620）85225284　85228291　85228292（邮购）
传　真：（8620）85221583（办公室）　85223774（营销部）
邮　编：510630
网　址：http：//www.jnupress.com　http：//press.jnu.edu.cn

排　版：广州市天河星辰文化发展部照排中心
印　刷：湛江日报社印刷厂

开　本：787mm×960mm　1/16
印　张：11.75
字　数：210千
版　次：2010年10月第1版
印　次：2010年10月第1次
印　数：1—3000册

定　价：22.00元

目 录

第一章
概　述

第一节　心理辅导在社会救助中的作用

心理辅导是指透过特定的人际关系，利用心理学的原理与技术，帮助来访者自强自立的过程。在社会救助中的心理辅导，即心理救助，主要是通过对受助人员行为特点及行为背后的动因的分析，在获得受助人员信任的基础上，应用心理学的方法和技术，帮助受助人员消除各种负性情绪、调整心态、获得心理健康和行为改变的过程。

一、心理救助的重要性

2003 年 6 月 20 日国务院颁发了《城市生活无着的流浪乞讨人员救助管理办法》（以下简称《管理办法》），民政部也制定了《城市生活无着的流浪乞讨人员救助管理办法实施细则》（以下简称《管理细则》），要求县级以上城市人民政府成立救助站，对城市生活无着的流浪乞讨人员提供人道主义救助。根据上述规定，救助站对受助人员主要提供 5 项救助：一是符合卫生标准的食物，二是符合基本条件的住处，三是在站内突发疾病的要及时送医院救治，四是帮助与其亲属或所在单位联系，五是为无力支付交通费的受助人员提供其回住处或所在单位的乘车（船）凭证。

与旧的收容遣送制度相比，《管理办法》强调以救助为宗旨，以自愿为原则，实行重服务、重救助的“开放式”模式：对于流浪乞讨者，是告知其“求助”；对于残疾人、未成年人、老年人和行动不便者，是引导、护送其“求助”。这种开放式的服务模式体现了我国在法治时代对人权的尊重与保护，体现了在市场经济条件下对社会救助与社会管理的新探索，体现了政府正在由管制型的权力政府向服务型的责任政府转变，也充分体现了政府以人为本的执政理念。

自《管理办法》及《管理细则》实施以来，各级救助管理工作稳步发展，成效显著。但是在具体实践过程当中，也暴露出一些新的问题：

（一）出现管理盲区

流浪乞讨人员的构成非常复杂，有因灾害或生活困难而流浪乞讨者，他们确属社会救助的对象；有以乞讨为生财手段的好逸恶劳者，属于特殊教育的对象；有以流浪乞讨又无理上访或从事偷摸拐骗等违法活动者，属于社会治安管理的对象；有少数犯罪逃逸或流窜者，属于刑事惩治的对象。对于拒绝接受救助的流浪乞讨人员，救助站、公安机关、城管等部门在管理中均存在缺乏执法依据和执法手段的问题，而那些需特殊教育的对象、治安管理的对象和刑事惩治的对象，则已经成为管理盲区。

（二）自愿求助者少

在一些救助站里，接受救助的人员中有不少是从别的救助站转来的，而自己来寻求救助的只是其中一部分。而且，在自愿寻求救助的这一部分人当中，大部分还属于投亲不着、务工不着、无钱看病、从家里走失、被偷盗等有临时困难的人，真正有生活困难的人，反而选择在外长期流浪乞讨，拒绝进站接受救助，救助站也因此曾经一度面临无人可救的局面。

（三）管理救助方式简单

对待进站受助人员，救助站的工作程序几乎无一例外地为：接收进站—采集信息—联系流出地政府或流浪人员家属—送其回家或由流出地政府接其回去。工作人员比较少跟受助人员进行与采集信息无关的交流，以及去了解不同受助人员的特殊需求，缺乏对不同类型受助人员的生理、心理、文化水平、个性特征等方面的分析和交流。

（四）缺乏专业工作人员

目前有的救助站尚未完全脱离原先收容遣送模式的影响，大部分工作人员也都是原来收容遣送站的工作人员，虽然机构性质发生了变化，但是工作人员在长期工作中形成的工作方法和养成的工作态度已经很难改变。有的工作人员习惯了对受助人员冷言冷语；这些行为从表面上看起来并没有和现行的新办法发生冲突，但事实上与社会的期望和要求相去甚远。因此，有学者提出以下建议①：

1. 进一步完善相关法律法规及制度建设

首先，尽管国家在2003年相继出台了两个法律文件，但过于原则化的条款内容，使得救助管理工作操作性不强，落实难度大。其次，对于出现的管理盲区，也应当从立法的角度予以增补和完善，如将职业乞讨人员纳入救助体系，使得对职业乞讨人员的救助工作有法可依。最后，新的法律法规的制定和完善必须注意和《中华人民共和国残疾人保障法》、《中华人民共和国预防未成年人犯罪法》等相关法律相互衔接与配套。

2. 引入社会工作专业知识和技能进行救助

对流浪乞讨人员的救助，第一层面是对其基本生活进行救助，包括衣食住行等方面，以保证他们能够维持生存；第二层面是对其进行心理和精神方面的救助，以帮助他们自食其力、回归正常的生活状态。目前，救助站的工作主要是停留在第一层面，忽视了心理层面的救助工作。而心理救助需要将社会工作与社会救助相结合，引入社会工作的专业知识、专业技能、专业方法，主要侧重于心理辅导、行为矫治、精神慰藉等精神层面上的救助。城市流浪乞讨人员正是一个非常典型的社会弱势群体，是社会工作应当高度关注并提供帮助的对象。

3. 救助站与高校联动，建立互惠合作关系

缺乏高素质、专业的工作人员是救助站面临的一个难题。救助站可以在高等教育资源比较丰富的城市，利用高校资源，通过与高校的联动，建立一种互惠合作的良好关系。目前，许多高校都开设有社会工作、社会学、心理学、劳动与社会保障等专业，也就意味着这些学校在这几个领域拥有比较充

① 赵常兴，张爱萍．城市流浪乞讨人员救助管理制度反思．经济研究导刊，2009（8）：216～217.

足的师资力量以及一定规模的在校学生，对于救助站来说，是可加以有效利用的宝贵资源。

4. 拓宽资金来源渠道

除了依靠国家财政外，救助站还应当呼吁企事业单位、慈善机构等社会各界加入到救助工作中来，争取捐款捐物，缓解资金压力；向社会招募义工，缩减开支。当然，无论哪种方式筹得的资金，其使用都必须接受有关主管部门、社会公众和媒体的监督，并定期向社会公布，确保资金使用的透明和公开，让社会各界的爱心落到实处。

上述专家的 4 点建议中，有两条涉及心理救助的内容。实际上，除了专家学者的意见，各地救助站在实际工作中也都越来越意识到心理救助的重要性，不少救助站也都开始尝试在救助管理中引入心理救助的内容。

二、心理救助的内容与形式

救助站救助的对象大致分 4 类：①贫困求助者。那些从家里出来后真正遇到困难的人，如被偷、被抢、被骗、外出打工无钱返乡、工作没找到但钱用完了等情况的人。②疾病求助者。那些患有精神病的人或一些在外流浪突然患病或受伤的人，这些疾病求助者通常都是由警察或他人送来的。③反复求助者。特指那些跑站人员。④未成年求助者。这类人前来求助的原因大都与家庭因素有关，有些是孤儿，有些是和家人闹矛盾，还有些是叛逆心理所致等。当然，职业乞讨人员也是其中的主要关注者。

就社会整体而言，这些流浪乞讨人员多属于弱势群体，他们的自尊和各种生理、心理需要都未能得到基本的满足。因此，不少人都存在不同程度的心理问题和行为偏差，包括情绪失调、不良行为和认知障碍等，需要给予心理辅导和矫治。一般而言，心理救助的内容包括：①提供及时的心理支持和社会支持；②提供宣泄的途径和通道；③给予必要的解释和引导；④进行认知梳理与调节；⑤消除不良情绪和矫正不良行为；⑥增强自尊和树立正确的自我意识；⑦培养亲社会行为；⑧促进自我与他人、与社会环境的和谐状态。

由于社会救助是一项临时性的救助举措，救助站对受助人员的救助时限不超过 10 天。因此，对流浪乞讨人员进行心理救助在形式和方法技术上就需要具备“短、平、快”的特点。通常，心理辅导和心理干预的形式主要有：①针对个体，进行个别咨询和疏导；②针对不同的群体，进行有针对性的团体（小组）辅导和心理训练；③针对群体，开展心理讲座和进行心理卫生知识的普及宣传与教育。

严格意义上的个别咨询和团体辅导都需要一定的时间和次数，需要建立关系、获得信任、充分了解、耐心疏导和促进改变等。如果按每周1次来计算，比较有效的一般是8～12次，即2～3个月。显然，在实际中无法对救助站里的短期受助者提供这么长时间的心理辅导。因此，对救助站中的流浪乞讨人员的心理救助更多的是需要通过讲座和教育的形式来进行，也可以提供短期的心理咨询。对于一些能在救助站待比较长时间的未成年受助者，可以提供团体心理辅导和心理训练。

当然，即使是面对短期受助者，工作人员仍然可以通过耐心倾听、换位思考、启发领悟、温暖关怀及认知行为调节等技术达到心理辅导的目的。特别是对那些经常跑站的人及职业乞讨人员，可以给予跟踪服务和提供反复多次的心理援助。

三、国外心理救助概况

在欧美和日本等发达国家和地区，社会救助制度起源较早且发展得比较完善。在美国，其社会救助制度起源于20世纪30年代，之后不断发展，并根据不同的对象和需要设置相应的部门。目前，其主要机构有：无家可归者服务部、儿童服务部、艾滋病患者服务部等。同时，美国也致力于发展社区服务，在社会福利资金不能够涵盖而又确实贫困的地方，由社区提供帮助和服务。社区服务的主要方式是成立社区活动中心、老人之家、精神病患者治疗中心、青少年教导中心等。

在英国，社会救助有着悠久的历史，是世界上最早通过立法建立社会救助制度的国家。早在1531年英国政府就开始对一些老弱贫民进行调查，允许他们在指定区域内行乞。目前，英国的社会救助有着庞大的社工队伍和完善的社会救助服务，其社会服务机构的职责就是对社区及流浪乞讨人员进行调查和评估，定期走访社会服务的对象并报告情况。其中，会对一些特定人群提供相应的心理援助，如单亲家庭、有轻度违法行为的不良少年等。心理救助是社会救助工作的一部分。

在日本，对于流浪乞讨人员的救助主要有两个途径：一是向政府求助。政府会给流浪乞讨人员提供方便面等生活物资，并会提供一些现金。但政府救助是需要本人申请的，如果自己不申请，政府一般不会主动提供帮助。二是宗教团体及社会志愿者。在志愿者社工队伍中有一部分是心理学出身的知识分子。

在俄罗斯，最近出现了新的救助模式，主要是以非营利为目的的社会救助机构，其中有救助困难家庭的“家庭中心”，救助未成年人的“儿童中心”，救助残疾人和老年人的“慈善中心”及提供心理帮助的“信任中心”。在“信任中心”有相关的心理学专家提供心理救助，并会定期对一些求助人员进行心理调查，建立心理档案。部分“儿童中心”也会邀请心理研究人员对未成年人进行心理教育及行为矫正。

在中国香港，其社会服务机构比较完善，服务范围主要涉及康复服务、少年及社区服务、扶幼及学前教育、职业训练服务及流浪儿童社会服务等。针对流浪儿童的社会服务主要有：家庭服务、个人及家庭辅导、心理辅导、家庭生活教育、女童宿舍、戒毒康复等。

由此可见，在发达国家和地区的社会救助中，都包含有心理救助的内容。我国的社会救助体制要不断完善，心理救助必须纳入其中。

第二节　心理辅导的理论基础

对流浪乞讨人员提供心理救助，需要洞察他们的内心需要，了解他们的心理感受，评估他们的情绪状态和分析他们的认知取向，此外还需要应用会谈的技术和各种心理学的方法去消解他们的不良情绪，矫正不良行为，协助和促进他们的转变与成长。无疑，这必须以相关的心理学理论作为指导。

一、人本主义心理学理论

（一）概述

人本主义心理学是以美国心理学家马斯洛为代表的一批心理学家的理论思想，该流派的哲学背景是人本主义哲学。人本主义哲学发源于古希腊哲学，它不是一种固定的理念，在不同的历史时期有不同的表现形式。著名心理学家弗罗姆就曾指出，每当人们感到某种体制形成权威（政治的、道德的或思想的）而暗中损害人类的尊严或个体时，它就出现了。文艺复兴时期，在意大利兴起了人本主义思潮，它的主要思想是重视人的价值，维护人的尊严和权力，解放个性，使人得到充分的自由发展，实现现实生活的个人幸福。

在人本主义哲学和人本主义思潮的基础上，人本主义心理学以一种生活哲学的形式出现了。它强调个人价值和经验的独特性，把人视为一种自由的力量，认为人具有实现潜能、不断超越自我的能力。他们把研究的重心放在了人的身上，坚持人类本质的完善和完整，关注人的内心需要、动机、情绪情感和主观幸福感等。从某种程度上说，人本主义心理学是西方对后工业社会反人性的反省，也是反战和反主流文化的产物。自20世纪50年代形成以来，人本主义心理学就不断发展壮大，迅速成为心理学界的第三势力。而且，随后兴起的人本主义运动更是把人本主义心理学的影响力扩展到了全球各地并渗透到教育、管理、临床治疗等各个领域。

我们来看看马斯洛的主要思想和基本假设：

（1）马斯洛认为人是一个统一的整体，不能分割成各个部分。人的各种情绪和行为表现都是与其生理需要、心理需要分不开的。

（2）人类的需要是一种类似本能的需要，在某种程度上是由人种遗传决定的，但它们的表现和发展却是后天的。也就是说，人的内在需要尽管有其先天遗传的基础，但不如动物本能那样强大，而且很容易受环境、教育等的作用而发生改变。

（3）人类动机的终极目标是基本需要的满足。马斯洛认为要想充分理解人类行为的动机，就必须着重研究人的基本需要。研究过程是对行为和结果的追溯与分析。例如，我们需要钱，为什么？因为我们要买一辆汽车。为什么要买汽车？因为邻居有汽车而我们不愿意低人一等，因此我们也需要一辆。为什么我们不愿意低人一等？因为我们有自尊的需要，我们需要维护自尊心并得到别人的尊重。这样不断地追溯下去，就会发现一些不能再追溯的需要，这些就是基本需要。

（二）需要层次理论

马斯洛认为人有5种最基本的需要，这些需要是人类动机和行为的重要动力源（见图1－1）。

1. 生理的需要

这是人的需要中最基本、最强烈、最具有优势的一种，是对生存基本条件的需求。生理需要有很多种，除了衣食住行外，各种感官快乐，如品尝、嗅闻、抚摸等，都可以包括在内。如果基本生理需要没有得到满足，如极度饥饿，那么，除了食物，这个人对其他东西会毫无兴趣。另外，生理需要和高级需要不应该被当作互不相关的孤立现象来对待。一个总是感到饥饿的人，实际上很可能是缺乏爱或安全感。

2. 安全的需要

一旦生理需要得到了相对充分的满足，就会出现安全需要。安全需要表现在人们对秩序、稳定、工作与生活保障的需要。这一点可以在儿童身上清楚地观察到，例如，儿童会对陌生环境感到害怕，失去父母或家庭环境不安定的儿童往往易受惊吓，缺乏安全感。成年人也有这种表现，如许多人宁愿继续做自己不情愿的工作，也不想换自己喜欢但没有把握的新工作；人们需要稳定的社会秩序。

3. 归属和爱的需要

当生理和安全的需要得到满足时，对归属和爱的需要就出现了。在马斯洛看来，爱是一种健康的、亲热的关系，包括互相信赖。人们渴望在生活圈子里有一个位置，自己能属于某个团体或组织，此时人们会把它看得高于世界上任何东西，甚至会忘了当初饥肠辘辘时认为爱是多么不切实际、不屑一顾。

马斯洛相信，爱的需要没有得到满足就会抑制儿童成长，爱的需要受到挫折是心理失调的主要原因，因此，爱就像盐或维生素一样不可缺少。现代社会中，由于工作繁忙、人口流动、家庭易破裂等因素影响，人际关系逐渐疏远，因此，人们对爱、亲密、接触的需要更为迫切。

4. 尊重的需要

归属和爱的需要的上一层次便是尊重的需要。这类需要包括两个方面：自尊和来自他人的尊重。一方面自尊包括对获得信心、能力、成就和自由等愿望；另一方面要求来自他人的尊重，包括威信、承认、地位、名誉和赏识。马斯洛认为最稳定和健康的自尊是建立在当之无愧的来自他人的尊敬之上，而不是建立在外在的名气、声望以及虚夸的奉承之上。

5. 自我实现的需要

自我实现的需要位于需要层次之巅，是人类需要发展的高峰。健康的人满足了前面那些基本需要后，他们就会被自我实现的需要推动着。所谓“自我实现”就是要求充分发挥个人的潜力和才能，对自身内在本性的更充分的把握和认可，是朝向个人自身中的统一、完整和协调的一种倾向。简言之，就是一个人自我进步的愿望，一种想要变得越来越像人的本来样子、实现人的全部潜力的欲望。马斯洛指出，自我实现的特殊形式因人而异，自我实现的需要并非必须在重大发明和艺术创造的形式下才能实现，学生、工人、保姆等只要尽自己能力，也可以实现潜能。

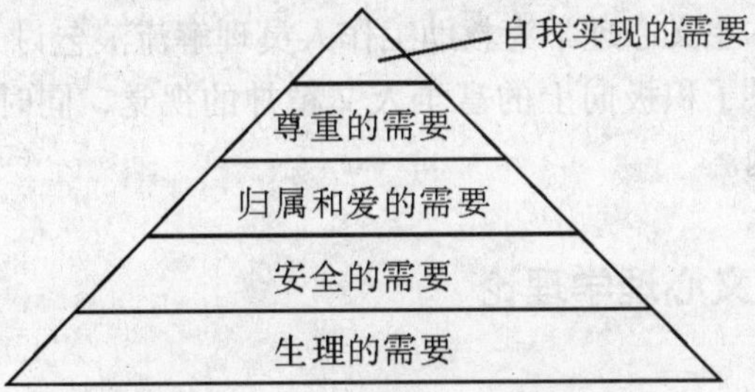

图 1－1 马斯洛需要层次模型

（引自张积家．普通心理学．广州：广东高等教育出版社，2004. 439）

（三）对社会救助的意义

马斯洛的需要层次模型对于帮助救助站工作人员理解流浪乞讨人员的行为提供了很好的理论依据。作为社会弱势群体，流浪乞讨人员大多缺乏最基本的生理需要和安全需要，而归属和爱的需要更是缺乏。正是这些需要的缺失，导致他们到处流浪，四海为家。他们卑躬屈膝求人施舍，过着没有尊严的生活，更谈不上为社会贡献力量了。

在马斯洛看来，基本需要的性质虽然是人类本能性的，但它与单纯的先天本能不同，容易被后天的环境所压制、改变，即社会因素不可避免地会影响心理因素。因此，基本需要的获得与满足必须以家庭环境、人际关系以及更广泛的社会环境为基础。这就意味着“美好社会”可以定义为“能够满足社会成员基本需要的社会”，也就是能够为社会成员提供自我实现的条件的社会。

马斯洛相信，人类如果过去和现在都生活在良好的环境条件下，那么他们就可以保持“善”的本性，也就是通常所讲的符合伦理的、有道德的、正直的本性，其行为也就会表现得合乎社会的要求。但如果环境没有提供良好的条件，如家庭缺乏温暖、学校缺乏归属感、感受不到朋友的支持和社会的帮助，那么人就会自暴自弃，产生认知和行为的偏差。

因此，人本主义心理学家强调，要使一个人走向积极的人生，最重要的就是提供足够温暖的关怀和爱。这种关怀和爱是在充分尊重人的价值和尊严的基础上产生的，在心理咨询中体现为同感、尊重和真诚。其中，同感包含对当事人设身处地的理解，尊重包含对当事人的接纳甚至是无条件的接纳，真诚包含发自内心的对人性的关怀。

可以说，人本主义心理学为救助工作人员理解流浪乞讨人员提供了方向，也为心理救助提供了积极向上的富于人文精神的视觉，同时也指明了心理救助需要遵循的原则。

二、行为主义心理学理论

（一）概述

行为主义心理学强调后天的环境和学习在人类行为中的重要作用，指出经典条件反射、操作条件反射和模仿学习这 3 种原理是行为获得的主要途径。

条件反射这个概念是俄国生理学家巴甫洛夫在 20 世纪初通过狗分泌唾液的实验提出来的，随后美国心理学家华生将条件反射的原理应用于人的实验中。1920 年，华生和助手罗萨莉·雷纳通过小阿尔伯特与白鼠的实验证明了环境刺激是如何通过经典条件反射机制使个体学会某种情绪行为的。

11 个月大的小阿尔伯特刚开始和一只小白鼠一起玩耍时并不害怕它，但是每一次小白鼠出现时，便同时传入一声巨响，几次之后，小阿尔伯特一见到小白鼠就出现害怕的反应，甚至看见其他毛茸茸的东西也会害怕。基于这个实验，华生认为各种恐惧症都是条件化的情绪反应，是通过条件反射学习而来，即人们现在表现出的恐惧行为其实是过去不良条件反射的结果。反言之，通过条件反射的方法也可以用来治疗恐惧症，这种方法就是系统脱敏疗法。

操作条件反射这个概念是美国心理学家桑代克提出的，并由心理学家斯金纳加以丰富。桑代克做了一个实验：把猫关在迷箱之中，猫可以借助拉绳圈、推动杠杆、转动旋钮逃出来。一开始，关在迷箱之中的猫不断挤栅门，抓、咬放在迷箱里的东西，把爪子伸出来等，进行了多种尝试以逃出迷箱，后来偶然发现了打开迷箱的机关。以后，猫的错误行为渐渐减少，只有成功的反应保存了下来。最后，猫学会了如何逃出迷箱，即学会了“开门”动作。这种条件反射之所以被称为操作条件反射，正是强调了该行为的操作会导致某种结果的产生。

斯金纳研制出一种被称为“斯金纳箱”的实验仪器，从这个仪器的实验中，他得出了许多用于行为治疗的原理，如强化原理、强化的时间与方式等。他认为，包括心理疾病在内的大多数不良行为或偏差行为都是习得的，因此，心理咨询和治疗就是要改变对当事人起作用的强化物的方式来改变其行为。

另外，班杜拉的模仿学习原理也丰富了行为主义的学习模式。班杜拉等人曾用参与模仿的方法治疗一些有恐蛇症的人。做法是请一位示范者玩弄一条蛇，让当事人在一旁观看，同时还要在治疗者的指导下，逐步去接触自己所恐惧的对象——蛇。先是戴着手套去抚摸蛇，再徒手摸蛇。如果当事人不敢摸蛇，就让他先把手放在示范者手上，然后一起去摸蛇身，再摸头部及尾部。通过此种渐进的模仿学习，对蛇的恐惧就会逐渐消除。

（二）有关行为塑造和矫治技术

1. 系统脱敏疗法

系统脱敏疗法是利用交互抑制或反条件作用的原理，来矫正当事人在某一特定情境下产生的超出一般紧张的焦虑或恐惧状态。在系统脱敏疗法的具体实施过程中，利用的是人的肌肉放松状态去抵抗由焦虑或恐惧引起的个体心率、呼吸、皮电等生理指标的变化反应。放松状态多次与引起当事人焦虑或恐惧的条件刺激物结合，即可消除原来因该刺激物引发的焦虑或恐惧条件反应。由于人的肌肉放松状态每次只能抵抗一个较低程度的焦虑或恐惧反应，因此，治疗时要从能引起个体较低程度的焦虑或恐惧的刺激物开始。一旦某一刺激不再引起当事人的焦虑或恐惧时，治疗者便可向处于放松状态的当事人呈现比前一刺激略强一点的刺激。如果一个刺激所引起的焦虑或恐惧状态在当事人所能忍受的范围之内，经多次反复的呈现，当事人便不会再对该刺激感到焦虑和恐惧了。

2. 操作条件反射法

（1）增强法。增强法有两种方式，一是积极增强，二是消极增强。所谓积极增强是指给予正性增强物（即人所喜欢的事物），而消极增强则是指拿掉负性增强物（即人不喜欢的事物或厌恶刺激），两者都是用来鼓励当事人的受欢迎行为，抑制不受欢迎的行为。例如，要鼓励孩子上课专心听讲的表现，可给予奖品，这就是积极增强；如果孩子因为上课开小差而正在受罚站，当老师发现孩子已经在专心听讲了，就可以通过撤销罚站来鼓励孩子变好的行为，这就是消极增强。

（2）惩罚法。惩罚的方法也有两种形式，一是给予个体不喜欢的物体或厌恶刺激，二是撤销个体正在享用的正性增强物。这两种形式都是用来抑制或阻断不受欢迎的行为。

具体而言，常用的惩罚方法有：

①一般性惩罚。例如，批评、打手心、打屁股、罚站、记过、勒令退学等。

②特殊性惩罚。例如，束缚身体、隔离、厌恶疗法等。其中厌恶疗法包括给予电击、催吐剂等，此疗法是一种很具争议性的技术，批评者认为它很不人道，通常在特殊情况下才采用。还有一种比较特殊，但比较柔和的厌恶技术，即饱和策略。其做法是治疗者主动提供大量的当事人所追求的目的物，让当事人享受到极限之后，产生生理上的不适，进而解除当事人的不适当要求或削弱不良反应。例如，要矫正儿童乱撕衣物的不良习惯，治疗者可以提供给儿童大量破旧衣服，并督促他一再反复地去撕扯。即使儿童感到很累了，也要让他继续撕，直到他感到厌恶并吵着要把衣服拿走为止。

③消退法。这种方法是指对不当的行为不予注意，不予强化，使之渐趋减弱直至消失。例如，小孩因为某种原因而无理取闹，借哭闹的方式来引起大人的注意，以达到自己的目的。这时，父母的劝说或打骂都可能成为孩子继续哭闹的强化因素。因此，不予注意、不予理睬，孩子的无理取闹行为就会慢慢减弱，最后消失。

④代币管制法。代币管制法是一种利用强化期原理促进更多的适应性行为出现的方法。代币指可以在某一范围内兑换物品的证券，其形式有小红旗、小铁牌、小票券等。当事人可以用代币换取自己所需的物品。我国许多精神病院已采用此法管理病人，使精神病人的不良行为减少，生活秩序好转。此方法也可用于培养儿童的适应性行为。

3. 模仿学习法

模仿学习法是利用人类通过模仿学习获得新的行为反应倾向，帮助某些具有不良行为的人以适当的反应取代其不适当的反应，或帮助某些缺乏某种行为的人学习这种行为。一般而言，模仿学习的行为治疗方法主要包括想象模仿、参与想象、角色扮演等。

（三）对社会救助的意义

由行为主义心理学发展出来的各种行为治疗技术对于矫正个体或群体的不良行为及塑造良好的行为具有重要的意义。在流浪乞讨人员中，尤其是在未成年人中，大多存在着这样那样的偏差行为和不良行为，例如，有的表现为社交回避；有的表现为行为攻击；有的表现为自卑、孤独；有的表现为冲动、好惹事；有的表现为顺从、盲目；有的表现为逆反、固执；有的不敢越雷池半步；有的则胆大妄为，甚至出现偷窃、破坏等违法行为。因此，应用有关行为矫治技术对他们进行团体辅导和个别咨询都是非常实用的。当然，在心理辅导过程中，还应针对未成年人的具体不良行为确定辅导目标和设计矫正方案，给予恰当的强化，以便能在比较短的时间里取得较明显的行为改变效果。

另外，在流浪乞讨人员中也有一些精神病患者，对于他们的救助除了必要的药物治疗外，心理的辅导也是非常重要的，尤其是针对他们的不当行为，同样可以采用行为塑造和矫正的技术。

三、精神分析与心理动力学理论

（一）精神分析理论

在19世纪末20世纪初，奥地利著名心理学家弗洛伊德在大量临床实践的基础上提出了一套理论，即精神分析理论。该理论主要包括5个主体内容：意识的三个层次、人格结构学说、性心理的发展阶段、焦虑和自我防御机制及精神分析的治疗技术等。

所谓意识的三个层次，即意识、前意识和潜意识。意识是指个体可以直接感知到的部分；前意识是介于意识和潜意识之间的内容；而潜意识则是指自己意识不到的、处于内心深处的内容，它包含着两种主要素材：一是那些无论如何都不想面对而被遗忘的素材，多是痛苦的经历，二是因为产生冲突和焦虑而被压抑和排除于意识之外的素材，多是本能的欲望和冲动。在弗洛伊德的理论中，意识部分不是很重要，重要的是潜意识。弗洛伊德相信，潜意识层面里的那些大量的为人类社会伦理道德所不能容许的、原始的、动物性的本能冲动及各种无法得到满足的情感体验，都需要被释放、被满足。因此，这些冲动和欲望构成了人类行为的原始动力。

然而，人类文明的发展对各种原始欲望和冲动，尤其是性的冲动，形成了压制，于是人的内心就会产生矛盾冲突并产生焦虑情绪。如果这些冲突不能得到很好的处理，焦虑就会持续并发展成心理的病态，即神经症。因此，在弗洛伊德的理论中，还有一个重要的概念，那就是心理防御机制。弗洛伊德认为，焦虑是一种令人不舒服的情绪体验，因此个体往往会利用防御机制来逃避焦虑。所谓心理防御机制，就是当个体意识到自我的统一性受到威胁时，尤其是遭遇严重的挫折和矛盾冲突而感到非常痛苦时，自然而然地发展出的一种减轻和解除焦虑与痛苦的手段。常见的心理防御机制包括否认、补偿作用、替代作用、幻想、压抑、投射、反向作用、合理化以及升华等。

可以说，所有的人都或多或少地使用过这种自欺的手段，以保护自尊或缓和失败的痛苦。但是，心理防御机制毕竟不能使问题得到根本性解决。所以适度的应用防御机制，有助于个体焦虑和痛苦的暂时缓解，但如果过度应用防御机制，则可能导致病态的适应模式，甚至可能因此而导致精神障碍的发生。

弗洛伊德还特别重视童年时期的经历，他认为如果一个人在童年时期其本能的需要没有得到恰当的满足，其人格的发展就会出现歪曲，而且童年的经历会影响其终生。

（二）其他心理动力学理论

在弗洛伊德的精神分析理论的基础上，衍生出了许多其他的心理动力学理论，如安娜·弗洛伊德的自我心理学理论、梅兰妮·克莱恩的客体关系理论和约翰·鲍尔贝的依恋理论等。

安娜是弗洛伊德的女儿，她大部分时间是和儿童、青少年在一起，所以她更加关注心理动力学中的“自我”的作用。她仔细观察和描述了青春期生理的变化是如何伴随着冲动的增加，如性冲动的增加。她认为正是这种变化导致了青少年的“本我”和“自我”发展的不平衡，也因此使得他们更容易出现一些冲动行为。当然，在安娜看来，这种情况是正常的。但如果青春期的孩子没有得到恰当的教育和引导，出现片面的压抑、禁欲、反抗等，则可能导致心理的病态和行为的偏差。

客体关系理论则强调社会关系的重要性。客体关系理论认为人格是由社会交往中的特性所决定的。通过人际互动，外在的关系成为我们的一部分，被称为内在客体。例如，在婴儿时期，最初的外在关系是母亲和母亲的乳房，在妈妈和婴儿的不断互动中，母亲和母亲的乳房会成为婴儿内在化的客体。但是这个客体有时是不能令人满意的，它不能时时刻刻满足婴儿的需要。于是，婴儿就会把内在世界分为好的内在客体和坏的内在客体两部分。“好的”内在化客体即是令人舒适和满意的母亲的内在代表，被称为“理想自我”或“理想客体”。这是婴儿感到讨人喜欢和被爱的源头。“坏的”或“不令人满意”的内在化客体又被分为独立的两个部分：源自着急和过度刺激的母子关系的“激动客体”和源自抑制或拒绝的母子关系的“挫败客体”。如果婴儿从小就感受到母亲的温暖和爱，母亲在大多数时候能满足婴儿的生理和心理需要，婴儿就会发展出良好的自我；相反，如果婴儿从小就感觉到饥饿和爱的缺失，或母亲在教养过程中过于严厉、紧张，婴儿就可能发展出不好的自我，并导致压抑和分裂。

依恋理论认为成长的中心是人际间亲密的情感联结，这种情感联结就是“依恋”。在人的一生中，形成和维持这种依恋关系非常重要。当然，这种依恋关系的建立主要也是来自早期的母婴依恋关系。依恋理论认为，婴儿走上怎样的人生道路取决于早期的环境，尤其是与照顾者的关系。婴儿在与母亲的互动过程中，如果能感受到母亲的温暖和爱，就会对母亲产生强烈的依恋，并感到安全和放心。这种安全型的依恋模式，为婴儿未来的好奇心、探索和游戏提供了一个良好的平台。但是，如果婴儿感受不到温暖和爱，就会形成焦虑型的依恋模式，婴儿没有安全感，也就难以发展出独立、自信和勇于探索的人格。

（三）对社会救助的意义

弗洛伊德的精神分析理论虽然是建立在对病态患者个案研究的基础上，但他的理论和观察使我们对人类的动机和行为有了新的认识。首先，他最早提出人的心理异常并不都是因大脑的生理和解剖结构的损害引起的，人的内在心理冲突也同样能造成心理疾病。其次，他强调本能冲动和欲望是人的心理动力，性是人类行为的基本动机，虽然这一观点被许多人批评，但在当时却是对人性压抑和理智心理学的挑战。最后，他提出心理防御机制这一概念，在一定程度上使人的内心矛盾得以缓和，烦恼和不安得以减轻或消除，使人的心理活动恢复及保持某种稳定状态，这个概念被广泛接受和运用。在流浪乞讨人员中，许多人否定自身有困难，隐藏内心的痛苦，或对未来寄予不切实际的幻想，等等，这些都是心理防御机制的表现。弗洛伊德的精神分析治疗技术就是要通过自由联想和梦的分析等技术，消除患者不恰当的防御机制并引导患者认识自己的潜意识，这对于重建人格具有重要的作用。

在弗洛伊德的精神分析理论基础上衍生出来的其他心理动力学理论，更是有助于我们去理解儿童和青少年的行为动因。客体关系理论和依恋理论都强调人际关系和人际互动的重要性，尤其强调童年早期亲子关系的重要性。在对流浪乞讨儿童的研究中，我们不难发现，许多儿童之所以离家出走，到处流浪，与感受不到家庭温暖或家庭关系破裂有关。可以想象没有爱和安全感的儿童，会表现出怎样的冲动行为和情绪问题。同样，对于青春期的孩子来说，如果不能正确地面对自我成长中剧烈的生理变化和与之伴随的心理欲望与冲动，就会导致内心的冲突并表现出情绪的烦躁和焦虑，再加上青少年在自我同一性的过程中产生的自我意向不稳定和类似分裂的感觉，会加重青少年时期的不良反应，甚至出现严重的心理问题和行为问题。

因此，在对流浪乞讨人员的心理救助中，救助工作人员有时也需要应用精神分析和心理动力学的有关理论，去理解和解释他们的行为及行为动因。有时需要去揭示他们的潜意识的冲突，有时需要去剥离他们的防御机制，有时需要去理解他们的冲动和烦躁，有时可以试着去分析他们的梦，以了解他们的内心需要。当然，梦的分析需要经过专门的培训。

四、认知行为理论模式

（一）概述

认知行为理论的兴起，是在批评和弥补行为主义理论过分强调环境学习，忽视人的认知因素的不足的基础上发展起来的。在认知行为学家看来，人生活在丰富多彩的世界里，会遇到各种各样的刺激和事件。这些刺激和事件会导致人怎样的情绪和行为主要取决于人对这些刺激和事件的解读。

心理学家凯利认为，客观真理是不存在的，只有解释和分析事件的各种方式。因此，他提出了“个人构念”的核心概念。所谓个人构念，就是每个人知觉、分析和解释事件的方式。凯利说，人类通过由他创造出来的各种半透明的模板或样板去观察世界，然后试图去适应构成这一世界的现实。当人们把这些模板用在所经历的事件上时，如果它们相匹配，人们就会把这些模板保留下来；如果不相匹配，人们就会修改这些模板，使其适用于以后的预期。构念一旦建立，个人就要受到它的控制和制约。个人构念系统异常，常常会导致行为偏差或精神病。

另一位心理学家亚伯·艾利斯的A—B—C理论似乎更容易帮助我们理解认知的重要作用。所谓A—B—C理论，A代表诱发事件（Activating Events）；B代表个体对这一事件的看法、解释及评价，即信念（Beliefs）；C代表继这一事件后，个体的情绪反应和行为结果（Consequences）。一般情况下，人们都认为是外部事件A直接引起了情绪和行为反应的结果C。但艾利斯不这样看，他认为诱发性事件A只是引起情绪和行为反应的间接原因，而人们对诱发事件所持的信念、看法、解释，即B才是引起人的情绪和行为反应的直接原因。例如，两个人一起走在路上，迎面碰到一个熟人，但对方没与他们打招呼，径直走过去了。这两个人中的其中一个对此是这样想的："他可能正在想事情，没注意到我们。就算是看到了我们而没理睬我们，可能是有特殊的原因。"而另一个人却可能有不同的想法："他可能是故意这样做的，就是不想理睬我，就是看不起我。他凭什么这样对待我？"这样他们两个人的情绪及行为反应就会不同，前者可能无所谓，该干什么还继续干什么；而后者则可能怒气冲冲，以至无法平静下来做自己该做的事情。

从这个例子可以看出，对于同一个诱发事件，不同的观念可以导致不同的结果。如果B是合理的、现实的，那么由此产生的C也就是适应的；否则非理性的信念就会产生情绪困扰和不适应的行为。艾利斯相信，个体的认识系统如果产生非理性、不现实的信念，就可能导致情绪障碍和行为异常。因此，艾利斯主张在心理辅导中要引导来访者认识到自己的不合理信念对情绪和行为的影响，同时学习以合理的信念取代不合理的信念，以改变认知的方式来达到消除不良情绪和矫正不当行为的目的。

（二）常见不合理认知

艾利斯通过临床观察，总结出日常生活中常见的产生情绪困扰、甚至导致神经症的11种非理性信念，它们是：

（1）每个人绝对要获得周围的人，尤其是生活中重要人物的喜爱和赞许。

（2）个人是否有价值，完全在于他是不是一个全能的人，即在人生中的每个环节和方面能否有所成就。

（3）世界上有些人很邪恶、很可憎，所以应该对他们进行严厉的谴责和惩罚。

（4）如果事情非己所愿，那将是一件可怕的事情。

（5）不愉快的事总是由外在环境的因素引起，不是自己所能控制和支配的，因此人对自身的痛苦和困扰也是无法控制和改变的。

（6）面对现实中的困难和自我承担的责任是件不容易的事情，倒不如逃避它们。

（7）人们要对危险和可怕的事情随时加以警惕，应该非常关心并不断注意其发生的可能性。

（8）人必须依赖别人，特别是某些与自己相比强而有力的人，只有这样，才能生活得好一些。

（9）一个人以往的经历常常决定了他目前的行为，而且这种影响是永远难以改变的。

（10）一个人应该关心他人的问题，并为他人的问题而感到悲伤、难过。

（11）对人生中的某个问题，都应有一个唯一的正确答案。如果人找不到这个答案，就会痛苦一生。

从以上非理性观念中，可以归纳出相应的非理性思维方式，如我喜欢——我应该；我希望——我必须；很难——根本没有办法；也许是——肯定是；有时候——总是；某些不足——都不行；我表现不好——我不好；到目前为止如此——永远如此等。由此可见，许多不合理信念都是将"想要"、"希望"变成"一定要"、"必须要"、"应该"；将"可能"、"某些"变成"肯定"、"完全"；将"这次表现不好"变成"我不好"、"差劲"、"无能之极"等。如果把这些不合理信念加以归纳和简化，"绝对化的要求"、"过分概括化"和"糟糕至极"就是非理性观念的3个主要特征。

（三）对社会救助的意义

认知行为理论强调一个人的认知特点和思维模式对其情绪和行为的重要影响。如果救助工作人员对流浪乞讨人员进行仔细观察，就不难发现他们中的许多人都存在着各种各样的负性情绪，有的还表现有强迫行为和偏差行为。如果再和他们进行深入的交谈，就会发现他们的情绪和行为背后有着明显的不合理认知和非理性的思维模式。当然他们不可能会自我觉察和自我改变，他们习惯将自己的情绪和行为归咎于他人和社会。因此，在对流浪乞讨人员进行心理辅导时，需要针对他们的不合理认知给予矫正，只有思维模式改变了，情绪和行为才有可能得到根本的改变。

五、社会文化模式

（一）概述

社会文化模式强调社会环境因素和文化因素对人的情绪和行为的重要作用。社会环境因素中，家庭因素显得尤为突出，其次是学校环境和社会风气的影响，而个人所遭遇的社会生活事件也对其情绪和行为有着明显的影响。

所谓社会生活事件，是指人们在日常生活中遭遇到的各种各样的生活事件和变动，如结婚离婚、升学乔迁、亲人患病等。这些生活事件和变动都要求人们进行自我调整，以便重新适应变化的社会生活情境。在这个过程中需要人们做出艰辛的努力，付出一定的代价。但由于每个人的主观条件不同，如成长环境的不同、教育水平的不同、智能的不同以及社会支持系统的不同等，在一些人身上就有可能造成不同程度的失调，由此可能产生情绪的紧张和行为的紊乱，并给人的身心健康带来影响。对于儿童而言，父母的离婚或经常争吵、升学和转学、成绩不理想、被同学误会、被老师责骂或遭遇不公平和歧视等，都可能成为其情绪不良、身体不适和离家出走的原因。

社会文化的因素也对人的行为起着重要的引领和制约作用。不同的文化背景和社会风气会影响人的道德观、价值观、人生观和金钱观，这些又都会对人的行为产生明显的影响。当然，文化的因素又与所在地区的社会风尚、传统文化、社会习俗及家庭教育理念密不可分。

（二）家庭教育的影响

家庭是儿童社会化的初始和重要场所。所谓社会化，是指个体学习生活技能和行为规范获得社会生活适应能力与创造力的过程。家庭作为个体出生后接触的第一个社会群体和环境，是个人的心理归宿、人生的摇篮。儿童在早期的家庭生活中所获得的经验与所接受的教育对人格的发展具有举足轻重的影响，父母的言行举止犹如悬于子女眼前的一面镜子，家庭的生活方式是一份很难丢掉的家庭遗产。心理学家、教育学家和社会学家都明确指出，生命历程中的早期教育和发展对其日后的成长具有决定性的影响。

当然，家庭教育在儿童社会化过程中具有不同于学校教育和社会教育的特点。首先，家庭教育是一种“自在性”教育，其主要方式表现为父母的言传身教和潜移默化。其次，家庭教育是一种“参与性”教育。父母和子女在长期的共同生活中可以相互了解、相互沟通。家庭成员都具有参与家庭建设的权利和义务，这往往是我国目前家庭教育中最易被父母所忽视的问题。再次，家庭教育是一种“基础性”教育。父母的人生观、价值观、信念、愿望等都会在儿童的社会化过程中造成深刻的影响。

具体而言，影响儿童社会化和心理发展的主要家庭教育因素有：

1. 父母的文化素养

父母的文化素养是影响儿童社会化的最主要因素，它在很大程度上制约着父母的理想、情操、家庭关系、生活方式，对子女的教育策略以及家庭的社会地位。一般来说，父母良好的文化素养有利于形成和谐的家庭气氛，为儿童的社会化提供适宜的家庭环境。

2. 夫妻关系和亲子关系

夫妻关系是家庭关系的核心与基础，夫妻关系是否和谐是一个家庭精神气氛好坏的前提条件。低质量的夫妻关系与家庭的不和是不利于儿童正常的心理发展的。如果儿童在充满激烈冲突、经常争吵乃至离异家庭里成长和接受教育，非常容易造成心理上的孤独、紧张、攻击和安全感缺失等。

亲子关系是由夫妻关系产生的一种最基本、最重要的父母与子女之间的家庭关系。在处理亲子关系方面，父母经常会出现两种不利于子女心理正常发展的倾向：一是父母缺乏理智、感情用事。爱孩子几乎是所有父母的天性，父母对子女的爱要适度，要充分发挥“理性爱”教育的感化作用。二是父母与子女缺乏情感互动。例如，子女的隔代抚养，父母生活安排不合理而忽略对子女的教育等。父母尽管不乏爱子之心，但和子女互动频率低，没有建立深厚的感情。研究表明，儿童社会化的日常程度和父母与子女之间互动频率相关。

3. 父母的心理稳定性

父母的心理稳定性对于家庭的精神气氛和家庭教育方式有特殊的影响。父母情感的稳定性是家庭教育中父母心理稳定性的重要方面。情感具有感染性，由于父母与子女之间存在着血缘关系，彼此的情感亲密，自然而真挚，因此父母的情绪变化会对子女产生很大的影响。例如，一些父母不善于控制自己低落的情绪，无故拿子女作出气筒，这很容易使子女是非观念模糊，产生强者可欺侮弱者、大人可欺侮小孩的观念，使其形成抑郁、暴躁、乖僻、逆反等不良性格，从而疏远对父母的感情。因此，父母要善于有效地控制自己的情感，避免因消极情绪宣泄取向不当而无意中刺伤孩子的自尊心。此外，父母要善于表达内心深厚健康的情感，充分且有效地用情感来感染、培育子女的感情和情操。

然而，不是每个家庭的教育环境都是良好的。实际上，社会上存在不少问题家庭。所谓问题家庭，是指父母行为和关系上发生异常的家庭，包括离婚、分居、父母不和、婚外恋、家庭成员中有违法乱纪行为等。问题家庭其实是不美满家庭，它作为一种应激源，往往使生活于其中的子女容易失去亲情的温暖，或承担着过多的、不必要的心理负担，经历心理上的痛苦折磨，很可能导致子女的情绪困扰、人格失调及人际关系适应不良，从而阻碍或扭曲孩子的身心发展。因此，不良的家庭背景因素经常是导致儿童与青少年心理障碍、行为越轨的高危因素。

4. 父母的教养方式

父母不当的教养方式也严重影响子女的心理发展和人格的塑造。父母不当的管教方式往往给子女带来消极影响，例如，父母的过分唠叨，容易使子女感到厌烦，甚至出现逆反心理；父母对子女的期望值过高，则会使孩子心理压力较大；过分溺爱，会造成孩子依赖心理强烈、任性、自私、高傲、自我中心化、心理和社会承受力弱；过分严厉专制，会使孩子望而生畏，变得自卑、胆怯、唯唯诺诺，或变得粗野、无教养、缺乏情感、冷酷，或充满怨恨情绪。

总之，在亲子关系中，父母居于主导地位。父母之间的关系如何，父母对子女采用什么样的教养方式，以及父母自身的文化心理素质、经济状况以及居住环境等，都会对子女的心理健康和行为表现直接或间接地产生深刻的影响。

（三）对社会救助的意义

社会文化模式对于理解流浪乞讨人员的行为动因同样有着重要的作用。在对流浪乞讨人员的调查中，可发现职业乞讨者的人员构成、地区来源和乞讨方式都有着非常鲜明的地方特点，反映所在地的文化风尚和传统习俗。而家庭因素的影响更是比比皆是。无论是成年流浪乞讨者，还是未成年流浪者，其动因都和家庭因素密不可分。有的是因为家庭经济紧张，有的是因为儿女不孝顺，有的是因为家庭有重病患者，但更多的是家庭亲情的淡漠和缺乏温暖。对于未成年流浪者来说，父母的教育方式不当、感受不到关爱、缺乏安全感以及各种基本需要得不到满足等，是导致其离家出走的重要原因。因此，对流浪乞讨人员进行心理救助时，了解其文化背景和家庭关系情况，了解其社会关系和社会支持度，是非常重要的。

以上几种主要的理论模式，希望能对人的情绪和行为的动因及影响因素给予理解和预测。人是高等动物，具有丰富的内心世界和复杂的人际环境，因此，对其行为的理解应该是多维度、多视觉的。心理救助离不开心理学，也离不开社会学，需要整合个人、组织、社会的力量来应对流浪乞讨问题并对流浪乞讨者提供恰当和有效的干预。

第三节　社会救助中的心理学研究方法

一、研究方法

救助行为学的研究方法，除了一般的人口学调查和社会调查之外，还需要借助心理学的研究方法来展开。心理学常用的研究方法有观察法、问卷调查法、个案研究法、相关分析法及实验研究法等。

（一）观察法

观察法是指研究者根据一定的研究目的、研究提纲或观察表，在自然条件下用自己的感官和辅助工具去直接观察被研究对象，获得系统全面的资料，然后对所做的记录进行分析，从而发现心理活动和发展的规律的一种研究方法，它是心理学的基本研究方法之一。

观察法通常包括以下两种：一是自然观察法。自然观察法是指观察者在自然的环境中观察调查对象的行为和举止。二是设计观察法。设计观察法是指观察者事先设计模拟一种场景，然后在此环境中观察调查对象的行为和举止。所设置的场景越接近自然，被观察者的行为就越接近真实。

观察法的优点主要有：①能通过观察直接获得资料，不需其他中间环节。因此，观察的资料比较真实。②在自然状态下的观察，能获得生动的资料。

③具有及时性的优点，它能捕捉到正在发生的现象。④能搜集到一些无法言表的材料。

与此同时，观察法也存在一些不足之处：①受时间的限制。某些事件的发生是有一定时间限制的，过了这段时间就不会再发生。②受观察对象限制。如研究青少年犯罪问题，有些秘密团伙一般是不会让别人观察到的。③受观察者本身限制。一方面人的感官都有生理限制，超出这个限度就很难直接观察；另一方面观察结果也会受到主观意识的影响。④观察者只能观察到表象和某些物质结构，不能直接观察到事物的本质和人们的思想意识。⑤观察法不适用于大面积调查。

（二）问卷调查法

问卷调查是调查研究的一种形式。调查研究包括信息收集、访谈和问卷调查等。信息收集主要是用来统计具有某些问题或行为的人数及分布情况，例如，某城市里流浪乞讨人员的人数、年龄和性别结构、表现形式及来源分布等。这些信息可以从官方记录中获得，但是这种信息甚少提供原因及有效干预的资料。

访谈和问卷调查则是有针对性的，其目的是要为问题的产生原因和干预提供假设。因此，在访谈及问卷的设计上，除了要了解一般的人口学资料外，还需要考虑各种可能导致流浪乞讨行为的原因，把个人因素、家庭因素、社会因素都考量进去，当然还要注意样本的代表性，即需要抽取足够统计学意义的样本以及按照随机取样的原则进行。通常，样本越大，误差的可能性就越小。

问卷调查法的优点主要有：①能提供有关事件或行为的发生数目及事件或行为的流行率；②由于调查经常探讨事件或行为与个体其他资料的关系，因此提供的资料可帮助我们理解事件或行为的发展线索，并暗示可能的原因假设；③调查能够确认个体是否具有情绪和行为问题或是否处于危机中，并将之转介与矫治。

但问卷调查法也存在一些局限性：①调查的价值完全视样本的代表性而定。为了确保参与者是随机抽取的，研究者必须事先描述样本如何被抽取，是否每个样本都有同等的几率被抽取。②在访谈调查中，答案的社会赞许性有时候会使被调查者往社会赞许的方向作答，而非实际描述真情的答案。例如，有的被调查者会察言观色，根据调查者的喜好来给予回答。

（三）个案研究法

个案研究是针对典型个案进行的深入详细的资料收集和问题形成的原因分析。它包括详细了解被研究者目前的身心状况及行为表现、行为持续的时间和发展过程、最初导致该行为的原因及以后行为持续的主要原因，包括个人成长经历、家庭环境、亲子关系、社会支持情况等，有时还需要配合必要的心理测量以了解其智商、个性和认知特点与应付方式等。

在个案研究中，研究者通常会选择具有同样问题和行为的不同个案进行分析和研究，以期发现其行为产生的共性和特殊性，从而为矫正该行为提供依据。有时，还可以对个案进行矫治性研究，以探索其矫治方法和验证其早期的问题假设。例如，对那些多次被送回又反复流浪乞讨于城市的典型案例以及一些典型的职业乞丐，可以采用个案研究的方法，深入分析其原因，包括个人的、家庭的、社会的原因，以找到问题的关键并提供干预的依据。

当然，个案研究和其他方法一样，既有优点也有其严重的局限性。在优点方面，它主要有：①对个案资料和行为发展历史的描述，是个案在自然环境里的真实经验；②个案研究可以探索许多类型的人类行为，有的行为因为怪异或稀少而无法用其他方法研究；③对个案资料的仔细分析和思考，可提供问题原因及干预手段的极有价值的假设。在缺点方面，它也有3点：①选择性问题，即当事人提供的资料可能是具有一定选择性的，其回忆的资料也不可能完全真实和完整。有时，当事人的描述可能是为了迎合研究者的态度和期望。②重复性（或可复制性）问题，即个案研究以当事人的描述为主，有时这种描述是变化的，而且不同的研究者收集到的资料也可能不同，这就导致严谨性和科学性问题。③因果关系的确立问题，即研究者通过个案研究试图分析和探讨某问题行为如流浪乞讨行为的原因，会发现导致和影响该行为的因素有很多，究竟哪些因素是关键的，具有明确的因果关系，可能在不同的个案身上其关键因素有所不同，难以确定，更难以推广。

（四）相关分析法

研究某问题或行为时，心理学家经常不只从事简单的描述性研究，更会考虑到个体的问题或行为的关联因素。例如，在研究抑郁症时，心理学家会问，离婚这个生活事件和抑郁症彼此之间有何关联？或者在研究犯罪行为时，心理学家可能借着记录某都市里各不同地区的犯罪与贫穷的流行率来寻求考验以下假设：贫穷影响犯罪。心理学家可能会统计这两者流行率的相同程度，如果这两者有相关即共同变化，就可以说贫穷和犯罪行为有关。

当然，需要强调的是：共同变化不表示因果关系。决定因果关系需要更仔细的研究，如找出两个变量之间的相关关系的顺序，即哪一个变量先发生。例如，在贫穷和精神分裂症的相关研究中，发现两者相关程度很高。但是，哪个是原因？哪个是结果？需要进一步研究。是贫穷在先还是精神分裂在先？是精神分裂导致了贫穷，还是生活在贫穷里增加了精神分裂的可能性？除此之外，研究者还必须注意出现混淆或影响两个变量的第三个和其他变量的可能性。

相关分析法被广泛应用于问题行为的研究中。例如，在对流浪乞讨行为进行研究时，可以通过相关分析法，去考量影响或促使流浪乞讨行为的各种因素，如认知因素、人格因素、家庭关系因素、教育因素和社会文化因素等，发现哪些因素与流浪乞讨行为密切相关，找寻可能的原因。相关分析法的优点主要有：①当基于伦理或实际困难的需要而排除更严谨的实验研究时，相关分析法能提供因果关系的假设；②相关分析还可以精确地测量两个可测量的变量的共变程度；③相关分析可免于实验研究的虚假性。但相关分析法同样有缺点，主要表现为：相关分析法不容许研究者提出任何有关因果关系的绝对性结论。

（五）实验研究法

实验研究法包括自然环境里的实验研究和实验室情境中的实验研究。无论是哪种实验研究，研究者都要关心两个变量之间的关系，这两个变量就是自变量和因变量。自变量被假设为某种特殊现象或行为的原因，因变量则是这些原因的结果。最基本的实验设计通过如下公式来说明：前测—实验处理—后测。此时的实验处理是自变量，因变量是前测和后测之间的改变。好的实验条件是自变量和因变量都可以操作性定义，也就是说，两个变量都是可以量化和测量的。

例如，如果想知道提高自尊水平是否有助于减少儿童的流浪乞讨行为，则可以进行教育实验研究。先是对参与实验的流浪乞讨儿童进行前测，了解其自尊水平和流浪乞讨行为的次数与持续时间，然后设计一系列的提高自尊的教育活动，对参与儿童进行系统的教育干预和辅导，之后再进行后测和后期的跟进。如果发现这些儿童的自尊水平普遍提高了，而且后期跟进时发现他们不再到处流浪乞讨，则说明提高自尊确实是减少流浪乞讨行为的关键因素。

当然，教育实验研究是自然环境下的实验研究，它无法像实验室的实验研究那样能有效地控制其他污染变量；而且严格的教育实验研究还需要对照组，即把一些流浪乞讨儿童作为教育干预的实验组，同时选出各方面条件相同的另外一些流浪乞讨儿童作对照组。实验组进行教育干预，对照组不干预，然后将两组的前测、后测进行比较。这样才能说明是教育干预的手段导致了儿童流浪乞讨行为的改变。

总之，实验研究法强调实验设计的科学性和实验的可重复性。如果设计严谨、条件控制得好，就能说明其因果关系。

二、评估工具

在心理学的研究，以及对个体进行心理辅导和心理矫治的过程中，常常需要用到各种测量工具来测试和评估个体的心理状况和行为特征。下面介绍一些对流浪乞讨人员进行心理救助和研究时可能用到的评定工具[①]，以供救助站工作人员参考。

（一）家庭功能与家庭关系的评定

1. 家庭亲密度和适应性量表中文版（FACESⅡ－CV）

“家庭亲密度和适应性量表”第二版（FACESⅡ）为自评量表，包括两个分量表，共有30个项目，大约需要25分钟完成。它主要评价两方面的家庭功能：①亲密度，即家庭成员之间的情感联系；②适应性，即家庭体系随家庭处境和家庭不同发展阶段出现的问题而相应改变的能力。每个项目的答案分为5个等级：不是、偶然、有时、经常、总是。被测试者的回答代表该项目所描述的状况在其家庭出现的程度。对这30个项目，被测试者都要回答两次，一次是对自己家庭现状的实际感受，另一次是自己所希望的理想家庭状况。亲密度与适应性的实际感受和理想状况是分开计算的。实际感受与理想状况的得分之差的绝对值表示对家庭亲密度和适应性的不满程度。绝对值越大，不满的程度就越大。

① 汪向东，王希林，马弘．心理卫生评定量表手册（增订版）．中国心理卫生杂志社，1999

FACESⅡ－CV 是根据中国国情修订的，经过信度、效度的测定，认为 FACESⅡ－CV 的重测信度、内部一致性信度以及判别效度和趋集效度都比较高。下面以量表中的几个题目为例，让大家对 FACESⅡ－CV 有一个大概的认识：

（1）在有难处的时候，家庭成员都会尽最大的努力相互支持。

（2）当家庭中出现矛盾时，成员间相互谦让取得妥协。

（3）家庭成员可以分享彼此的兴趣和爱好。

2. 家庭功能评定量表（FAD）

“家庭功能评定量表”（FAD）是用来收集整个家庭系统各个方面的资料的一种量表。它仅是一个筛选问卷，其目的是简单有效地找到家庭系统中可能存在的问题。量表作者对 FAD 的信度、效度进行反复测定，均提示 FAD 有较好的信度和效度。该表分为 7 个分量表：①问题解决，指在维持有效的家庭功能水平时，这个家庭解决问题（指威胁到家庭完整和功能容量的问题）的能力。②沟通，即家庭成员的信息交流。重点在言语信息的内容是否清楚，信息传递是否直接。③角色，指家庭是否建立了完成一系列家庭功能的行为模式，以及任务分工是否明确和公平、家庭成员是否认真完成了任务。④情感反应，即评定家庭成员对刺激的情感反应的程度。⑤情感介入，评定家庭成员之间对对方的活动及一些事情的关心和重视程度。⑥行为控制，评定一个家庭的行为方式。⑦总的功能，从总体上评定家庭的功能。

FAD 每一个条目都有 4 个选项，分别为：很像我家、像我家、不像我家、完全不像我家，分别记为 1、2、3、4 分。对不健康的条目（题号前带＊号者），其评分为 5 减去实际得分。下面以量表中的几个题目为例，让大家对 FAD 有一个大概的认识：

（1）当家中有人烦恼时，其他人知道他为什么烦恼。

（2）我们中有些人缺乏感情（带＊号的题目）。

（3）在我们家任何事都行得通（带＊号的题目）。

（二）生活满意度及情绪测试

1. 生活满意度量表

生活满意度量表包括 3 个独立的分量表，其一是他评量表，即生活满意度评定量表（LSR），另两个分量表是自评量表，分别为生活满意度指数 A（LSIA）和生活满意度指数 B（LSIB）。LSR 包含 5 个 1～5 分制的子量表，故其得分在5（满意度最低）和25（满意度最高）之间。LSIA由与LSR相关程度最高的20个“同意—不同意”式条目组成，而LSIB则由12项与LSR高度相关的开放式、清单式条目构成。LSIA得分从0（满意度最低）到20（满意度最高），LSIB得分由0（满意度最低）到22（满意度最高）。

生活满意度量表的信度、效度也较好，这里列举LSIB的几个条目：

（1）你这个年纪最大的好处是什么？（1——积极的答案　0——没有任何好处）

（2）你感到孤独的时间有多少？（2——从未有过　1——有时　0——经常）

（3）当你年迈之后，事情比原先想象的好还是不好？（2——好　1——和预期的差不多　0——不好）

（4）你对自己生活的满意程度如何？（2——非常满意　1——相当满意　0——不太满意）

2. 自评抑郁量表（SDS）和抑郁状态问卷（DSI）

自评抑郁量表（SDS）是自评量表，用于衡量抑郁状态的轻重程度及其在治疗过程中的变化。而抑郁状态问卷（DSI）则是由SDS改编而来，是他评问卷，两者的评定时间跨度均为最近1周。

SDS和DSI分别由20个陈述句和相应问题条目组成。每一条目相当于一个有关症状，按1~4级评分。20个条目反映抑郁状态4种特异性症状：①精神性情感障碍，包含抑郁心境和哭泣两个条目；②躯体性障碍，包含情绪的日间差异、睡眠障碍、食欲减退、性欲减退、体重减轻、便秘、心动过速、易疲劳共8个条目；③精神运动性障碍，包含精神运动性迟滞和激越两个条目；④抑郁性心理障碍，包含思维混乱、无望感、易激越、犹豫不决、自我贬值、空虚感、反复思考自杀和不满足共8个条目。在使用中，SDS有10个反向计分条目，DSI则有8个反向计分条目。它们评定的抑郁严重指数按以下公式计算：抑郁严重指数=各条目累积分/80（最高总分），指数范围是0.25~1.0，指数越高，抑郁程度越严重。SDS详表如下：

下面有20条文字，请仔细阅读，并把意思弄明白，然后根据您最近一星期的实际感觉，在适当的方格里画一个钩，每一条文字后有4个方格，表示：A. 偶尔；B. 有时；C. 经常；D. 持续。

（1）我觉得闷闷不乐，情绪低沉。

（2）我觉得一天之中早晨最好。

（3）我一阵阵哭出来或觉得想哭。
（4）我晚上睡眠不好。
（5）我吃得跟平常一样多。
（6）我与异性密切接触时和以往一样感到愉快。
（7）我发觉体重在下降。
（8）我有便秘的苦恼。
（9）我心跳比平常快。
（10）我无缘无故地感到疲乏。
（11）我的头脑跟平常一样清楚。
（12）我觉得经常做的事情并没有困难。
（13）我觉得不安而平静不下来。
（14）我对将来抱有希望。
（15）我比平常容易生气激动。
（16）我觉得作出决定是容易的。
（17）我觉得自己是个有用的人，有人需要我。
（18）我的生活过得很有意思。
（19）我认为如果我死了，别人会生活得好些。
（20）平常感兴趣的事我仍然照样感兴趣。

注：项目（2）、（5）、（6）、（11）、（12）、（14）、（16）、（17）、（18）、（20）为反向计分条目。

3. 焦虑自评量表（SAS）

焦虑自评量表（SAS）从量表构造的形式到具体评定的方法，都与自评抑郁量表（SDS）十分相似，也是一个含有20个项目的自评量表，用于评出焦虑病人的主观感受。它效度高，是一种分析病人主观症状的相当简便的临床工具。与SDS一样，SAS具有较广泛的适用性，适用于具有焦虑症状的成年人。SAS详表见下：

下面有20条文字，请仔细阅读，并把意思弄明白，然后根据您最近一星期的实际感觉，在适当的方格里画一个钩，每一条文字后有4个方格，表示：A. 没有或很少时间；B. 少部分时间；C. 相当多时间；D. 绝大部分或全部时间。

（1）我觉得比平时容易紧张和着急。
（2）我无缘无故地感到害怕。

（3）我容易心里烦乱或惊恐。

（4）我觉得我可能将要发疯。

（5）我觉得一切都很好，也不会发生什么不幸。

（6）我手脚发抖。

（7）我因为头痛、颈痛和背痛而苦恼。

（8）我感觉容易衰弱和疲乏。

（9）我觉得心平气和，并且容易安静地坐着。

（10）我觉得心跳得很快。

（11）我因为一阵阵头晕而苦恼。

（12）我有晕倒发作或觉得要晕倒似的。

（13）我呼气吸气都感到很容易。

（14）我的手脚麻木和刺痛。

（15）我因为胃痛和消化不良而苦恼。

（16）我常常要小便。

（17）我的手常常是干燥温暖的。

（18）我脸红发热。

（19）我容易入睡，并且一夜睡得很好。

（20）我做噩梦。

注：项目（5）、（9）、（13）、（17）、（19）为反向计分条目。

（三）应付方式和社会支持的评定

1. 简易应对方式问卷

简易应对方式问卷是在国外应对方式量表的基础上，根据实际应用的需要，结合我国人群的特点编制的一份应对方式问卷。它由积极应对和消极应对两个维度（分量表）组成，包括20个条目。积极应对维度由条目1～12组成，重点反映了积极应对的特点；消极应对维度由条目13～20组成，重点反映了消极应对的特点。

简易应对方式问卷为自评量表，采用四级评分，分别为：不采用、偶尔采用、有时采用、经常采用，相应评分为0、1、2、3分。结果为积极应对维度平均分和消极应对维度平均分。临床应用时还应进一步分析各条目回答评分情况。其详表见下：

以下列出的是当你在生活中经受挫折打击或遇到困难时可能采取的态度

和做法。请你仔细阅读每一项，然后在右边选择回答，“不采用”为0分，“偶尔采用”为1分，“有时采用”为2分，“经常采用”为3分，请在最适合你本人情况的数字上打钩。

（1）通过工作学习或一些其他活动解脱。

（2）与人交谈，倾诉内心烦恼。

（3）尽量看到事物好的一面。

（4）改变自己的想法，重新发现生活中什么最重要。

（5）不把问题看得太严重。

（6）坚持自己的立场，为自己想得到的而斗争。

（7）找出几种不同的解决问题的方法。

（8）向亲戚朋友或同学寻求建议。

（9）改变原来的一些做法或自己的一些问题。

（10）借鉴他人处理类似困难情境的办法。

（11）寻求业余爱好，积极参加文体活动。

（12）尽量克制自己失望、悔恨、悲伤和愤怒的情绪。

（13）试图休息或休假，暂时把问题（烦恼）抛开。

（14）通过吸烟、喝酒、服药和吃东西来消除烦恼。

（15）认为时间会改变现状，唯一要做的便是等待。

（16）试图忘记整个事情。

（17）依靠别人解决问题。

（18）接受现实，因为没有其他办法。

（19）幻想可能会发生某种奇迹改变现状。

（20）自己安慰自己。

2. 社会支持评定量表

为了提供评定社会支持的工具，肖水源于1986年设计了《社会支持评定量表》。该量表包括客观支持（3条）、主观支持（4条）和对社会支持的利用度（3条）3个维度，共10个条目。问卷的设计基本合理，具有较好的信度和效度。下面举几个条目为例，让大家对社会支持评定量表有一个大概的了解：

（1）您有多少关系密切、可以得到支持和帮助的朋友？（只选一项）

A. 一个也没有　B. 1～2个　C. 3～5个　D. 6个或6个以上

（2）您与同事：（只选一项）

A. 相互之间从不关心，只是点头之交

B. 遇到困难可能稍微关心

C. 有些同事很关心您

D. 大多数同事都很关心您

（3）过去，在您遇到紧急情况时，曾经得到的安慰和关心的来源有：

Ⅰ. 无任何来源

Ⅱ. 下列来源（可选多项）

A. 配偶　　B. 其他家人　　C. 朋友

D. 亲戚　　E. 同事　　F. 工作单位

G. 党团工会等官方或半官方组织

H. 宗教、社会团体等非官方组织　　I. 其他（请列出）

（四）行为问题及精神障碍的评定

1. Rutter 儿童行为问卷

Rutter 儿童行为问卷分父母问卷和教师问卷两种，分别用来对儿童在校和在家行为进行评定。问卷的内容包括一般健康问题和行为问题两方面。Rutter 儿童行为问卷将行为问题分为两大类，第一类问题称为"A 行为"，即违纪行为或称反社会行为，包括：①经常破坏自己和别人的东西；②经常不听管教；③时常说谎；④欺负别的孩子；⑤偷东西。第二类问题称为"N 行为"，即神经症行为，包括：①肚子疼和呕吐；②经常烦恼，对许多事情都烦；③害怕新事物和新环境；④到学校就哭或拒绝上学；⑤睡眠障碍。

两种问卷评分均分为三级：0 分表示从来没有这种情况；1 分表示有时有，或每周不到一次，或症状轻微；2 分表示指症状严重，或经常出现，或至少每周一次。Rutter 儿童行为问卷简单明确，易于掌握，其灵敏性、特异性和总效率均很高，所以它可以较好地适用于学龄儿童的行为问题的流行病学调查研究工作。下面列出教师问卷和父母问卷中的一些条目为样例：

Rutter 儿童行为问卷（教师问卷）

请根据孩子最近一年的情况，按 0、1、2 三级评分填写下表。其中：0 表示从来没有这种情况；1 表示有时有，或每周不到一次，或症状轻微；2 表示症状严重，或经常出现，或至少每周一次。例如：

A.（11）经常破坏自己或别人的东西。

（12）经常与别的儿童打架或争吵。

（13）别的孩子不喜欢他。

N.（17）经常表现痛苦，不愉快、流泪或忧伤。

（18）面部或肢体抽动和作态。

（19）经常吸吮拇指或手指。

（20）经常咬指甲或手指。

Rutter 儿童行为问卷（父母问卷）

请根据孩子最近一年的情况，按 0、1、2 三级评分填写下表。其中：0 表示从来没有这种情况；1 表示有时有，或每周不到一次，或症状轻微；2 表示症状严重，或经常出现，或至少每周一次。例如：

（1）头痛。

（2）肚子痛或呕吐。

（3）支气管哮喘或哮喘发作。

（4）非常不安，难于长时间静坐。

（5）有没有口吃（说话结巴）。

2. 父母养育方式评价量表（EMBU）

父母养育方式评价量表（EMBU）是用以评价父母教养态度和行为的问卷。原量表有 81 个条目，涉及父母 15 种教养行为：辱骂、剥夺、惩罚、羞辱、拒绝、过保护、过干涉、宽容、情感、行为取向、归罪、鼓励、偏爱同胞、偏爱被试、非特异性行为；分为 4 个主因素：因子 Ⅰ——管束、行为取向和归罪行为；因子 Ⅱ——是一个维度，一极是情感温暖和鼓励行为，另一极是爱的剥夺和拒绝行为；因子 Ⅲ——偏爱同胞或被试；因子 Ⅳ——过保护。EMBU 采用四级计分：1——从不；2——偶尔；3——经常；4——总是。

为在我国使用，后来对原版 EMBU 进行了修订，形成了中国版EMBU。修订后的 EMBU 的维度与原量表的维度有较大的一致性，且信度、效度也较好。下面举几个 EMBU 中的几个样例：

（1）我觉得父母干涉我所做的每一件事。

（2）我能通过父母的言谈、表情感受他很喜欢我。

（3）与我的兄弟姐妹相比，父母更宠爱我。

（4）我能感到父母对我的喜爱。

三、研究现状与发展

自古以来，我国就有关于乞丐的文献。例如，曲彦斌的《中国乞丐史》① 从社会角度分析了乞讨现象形成的原因；池子华的《中国流民史》② 则更为形象地剖析了中国流民生活的方方面面。甚至在金庸的武侠小说中，丐帮也是影响武林、威震江湖的一大帮派。乞丐群体十分复杂，其中大部分确实是由于生活所迫而行乞，但也有一些流氓逃犯混杂其内。于秀的《中国乞丐调查》③ 则是从记者的角度，对20多名乞丐进行深度访谈，客观地报道了乞丐的真实生活。郑晶则从传播学的角度分析了乞讨所采用的模式及工具，认为即使是乞讨，也需要与他人进行互动，才能有更好的收益。

也有学者对城市流浪乞讨人员的状况进行了调研。例如，李迎生、周好就对北京市流浪乞讨人员从选择滞留的城市、收入水平、生活现状、滞留时间、关系网络和自我评价等方面进行了调查研究。同时，其他学者也从不同的学科角度对流浪乞讨人员的管理群体进行研究，例如，冯蕴春从公共管理的角度对国家的救助政策及政府职能方面进行了分析，并从宏观上提出了政策改进的途径；应若平等人从宏观上提出了救助站对流浪乞讨人员分型管理的模式；金青兰从法律的角度以"禁乞论争"为切入点，讨论了"社会排斥"下流浪乞讨人员的权利问题。可见，关于城市流浪乞讨人员的研究多是从社会学和管理学的方面去进行的，而从心理学的角度去研究的报告则很少。心理学是一门研究人类心理现象及其发展规律的学科，其研究目的在于了解、解释、预测与控制人类的行为。随着心理学的发展，其研究成果不断运用到社会的各个领域，为解决很多社会问题作出了巨大的贡献。流浪乞讨人群作为社会广泛关注的群体，用心理学的方法研究其心理活动方式，探讨他们的个性特点，对减少乞讨行为、净化社会风气、挽救社会同情心起到重要的作用。可以相信的是，随着人们对流浪乞讨人员的关注和关爱，在以人为本的思想引领下，会有更多的心理学研究和心理援助工作在救助站中积极地开展起来。

---

① 曲彦斌．中国乞丐史．北京：九州出版社，2007

② 池子华．中国流民史（近代卷）．合肥：安徽人民出版社，2001

③ 于秀．中国乞丐调查．北京：中华工商联合出版社，1999

第二章
受助人员的类型、行为表现及原因

第一节 受助人员的类型

一、受助人员的定义

受助人员是指因种种困难而导致生活无着、需要得到政府救助机构帮助的人员。他们或自行或被护送到救助站进行救助，救助站给予解决临时的食、住、通信、防寒等，并提供返乡乘车凭证的帮助。

在实际工作中，受助人员包括因务工不着、被骗、被盗、被抢、财物丢失、寻亲不遇、流浪乞讨、露宿街头、拾荒、应急、被操控、上访等原因而主动来到或被护送到救助站进行求助者。此外，由救助站工作人员前往医院进行甄别的救助人员，也都称为受助人员。受助人员的最大特点就是流动性大、身份复杂。

二、受助人员的类型

结合广州市救助站实行的分类接收、分类管理、分类教育、分类处理的管理模式，按受助人员的入站原因、方式和年龄来划分，受助人员可以分为4大类：生活无着类、救助保护类、流浪乞讨类和非常规类。

（一）生活无着类

生活无着类主要是指成年人，因种种原因而导致生活困难、生活无着，到救助站要求给予救助的人员。这类人员以主动求助为主，按受助人员在外导致生活无着的原因又可以分为：务工不着型、被骗被抢型、财物丢失型、寻亲不遇型、走失型、寻求治病型等。

务工不着型：是指外出务工，因多种原因，如经济环境、自身技能、企业要求、语言问题等不同情况，导致目前没有工作、没有收入、没有住宿的状况，迫于生活困难而来到救助站求助，希望救助站能解决临时性的生活问题或提供返乡的乘车凭证等。

被骗被抢型：是指因社会治安等因素，造成受助人员在外遭遇被骗、被抢、被偷，导致原本的工作计划或生活不能正常进行，因而身无分文或不能解决生活等困境。在得到亲朋好友或其他人的帮助下，来到救助站求助。

财物丢失型：是指因自身不小心而导致财物丢失，给自己生活或工作上带来困难，而向救助站求助，要求解决临时生活问题或求助返乡。

寻亲不遇型：是指外出寻亲，经多方面努力寻找未果，而导致生活或返乡路费的困难，来救助站请求解决临时生活问题或求助返乡。

走失型：因迷路、智障、精神问题等原因而出走或迷失街头的人员，自行来到或被护送来站求助。该类人员中以老年人或有精神障碍的人员居多。

寻求治病型：是指因生活较困难而又患上某一病患，自己没有能力到医院进行治疗或到医院治疗会导致生活更加困难，想通过救助站的帮助治疗病患。

（二）救助保护类

救助保护类主要是流浪的未成年人，指未成人脱离家庭或离开监护人流落社会、失去基本生存和可靠保障而陷入困境的未成年人，对这一类人员实施保护性救助为主。按入站救助保护的原因又可以分为被操控型、家庭不稳型、务工不着型、寻亲不遇型、厌学逃学型、弃童迷童智障型等。

被操控型：是指被不法分子或者是自己的亲人，为了眼前的经济利益，操控未成年人从事不正当或违法犯罪活动。

家庭不稳型：是指因为家庭环境不稳定，如吵闹、暴力、赌博等原因，而离开家庭在外流浪的未成年人。

务工不着型：是指因为家境贫寒或没有经济来源支持学业，希望外出务工赚钱，以求改善经济状况或支持自己的学业。但又因年龄小、学历低、技能低，难以找到合适的工作，导致流落街头，无以为家。

寻亲不遇型：是指未成年人的双亲在外务工，长时间没有回家，因想念亲人而偷偷外出寻找，但因没有正确的联络方式，最后导致生活无着流落街头。

厌学逃学型：是指因为自身条件、家庭环境、学校原因而致学习成绩差，与学校的老师、同学相处不和，或是遭到家人、老师、同学、亲戚的歧视，从而产生不愿意读书、厌学逃学的行为。

弃童迷童智障型：该类未成年人因为身体残疾、智障、患严重疾病，被家人遗弃在社会上，也有部分女童由于性别歧视而被遗弃，或者是与家人外出，因疏忽而致走失、迷路，导致流落街头。

（三）流浪乞讨类

流浪乞讨就是通常所说的乞丐，以流浪乞讨维持生活的人员，目前为了生存而乞讨的人员相对很少，相反，职业乞讨人员占绝大多数。该类求助的人员绝大多数是由政府有关部门护送到救助站进行救助。综合流浪乞讨类人员各方面因素，又可以分为4种类型：职业型、兼职型、被迫型、操纵型。

职业型：将“乞丐”当成一种取得收入的职业，行乞过程中多具有欺诈性。这类型乞讨人员想尽一切办法来展示自身的弱者形象、苦难经历、悲惨际遇，借以博取人们的同情，获得的施舍。

兼职型：主要指利用农闲时间或学校放假期间外出乞讨，以增加家庭收入或赚取学费为主的农民或学生。这类型人员最大的特点就是具有一定的时间周期性。

被迫型：是指因自身、家庭、经济因素，不足以维持个人或家庭各项支出，而被迫外出乞讨的受助人员，如病重无钱治、年老无人养。被迫型乞讨人员在乞讨队伍中占的比例较少，在乞讨时比较文明。

操纵型：是指受他人控制，乞讨所得必须全部或部分上缴给控制人的乞讨人员，主要以小孩和残疾人为主要对象。

（四）非常规类

非常规类是指被救助对象因影响市容、成为治安隐患，而被政府有关部门送来救助的人员。这类人员又可以分为拾荒型、露宿型、上访型、嫌疑型、应急型、甄别型和境外型。

拾荒型：主要是指在市区、繁华地段、居民生活区、工业区等地方，以捡废旧报纸、塑料、包装袋、金属物件等被丢弃的废旧物品，经整理后进行变卖的人员。

露宿型：主要是指以打零工、计时工或没有工作而流浪社会的人员，由于没有能力解决住宿，只好在外露宿的人员。

上访型：主要是指因某种问题得不到解决，到政府部门进行上访投诉，经有关部门协调处理后，要求救助站解决临时住宿或返乡的人员。

嫌疑型：主要是指公安部门在某一行动中，对有嫌疑而暂时又没有证据拘捕，经过与民政部门协商后，暂时安置在救助站内救助的人员。

应急型：主要是指出于某一目的或因自然灾害的发生，在上级部门的统一安排下，由救助站进行应急安置，解决临时住宿或返乡的人员。

甄别型：是指流浪街头或昏倒路边等，被公安部门110警车或卫生部门120急救车送往医院治疗；经核实后不能找到其亲人，患者经济能力不足，属于生活无着的流浪人员。

境外型：主要是指因生活困难、生活无着，自行或被护送到救助站求助的境外人员（以外籍华人、外籍人员为主）。因这类人员的处理要涉及多个部门，政治敏锐性强，所以救助站主要是以解决住宿为主，配合其他部门处理。港澳台人员的处理情况与境外人员基本相似。

第二节　各类人员的行为表现

不同的受助人员在入站前因救助原因、处境、遭遇、家庭背景、经济、文化程度、修养等因素的不同，行为表现也不相同。结合广州市救助站的分类接收、分类管理、分类教育、分类处理的管理模式，综合分析受助人员入站方式、求助目的和年龄上的不同，不同类型的受助人员，也有其共同的行为表现。

一、生活无着类行为表现

生活无着类的主要原因有务工不着、被骗被抢、财物丢失、寻亲不遇、寻求治病、走失等。从年龄结构分析：18 岁以下的约占 8%；18 ~ 59 岁的约占 86%；60 岁以上的约占 6%。从流动地域分析，流出较多的省份有河南、湖南、贵州、甘肃、湖北等。生活无着类人员的行为表现有：

（一）务工不着型

该类人员因工作无着、生活无着，心中已对社会产生不满情绪，又经历各种困难、挫折，如入不敷出、受人歧视、生活不安定等，存在恨世、悲观等心理，在入站求助时因爱面子等原因，可能存在汇报假资料的情况。多数人员存在无所谓态度，有机会就离站出去找工作，找不着再次回到救助站求助，对自己的真实情况也不如实说明。

（二）被骗被抢型

该类人员因遭遇人生不幸，心情极度郁闷、烦恼，会出现情绪烦躁、易受惊吓、易发脾气、情感脆弱甚至精神问题等。如果处理得不好，他们极易把糟糕的情绪带到救助站发泄。一般来说，这部分人员在站内暂住的较多，通过各种途径寻找亲朋好友来接回或汇款，相对留站时间会稍长些，也有部分人员需要返乡。

（三）财物丢失型

该类人员因自身不小心而导致财物丢失，或遭遇财物被盗，往往有阿Q精神，只能自认倒霉，感叹命运不济，也有部分人员怨恨社会治安不稳定而给自己生活带来困难。他们来到救助站求助，大多服从救助站的安排，在站等待朋友帮助或汇款。

（四）寻亲不遇型

该类人员寻亲未果，又没有人来帮助、安慰、解决，其心情多是郁闷、烦恼，情绪烦躁、脆弱，甚至会出现轻生的念头。这部分人员一般是心力交瘁，他们继续等集经费，想回家或到别处去继续寻亲。在站内表现出持续性情绪低落、忧郁、心境恶劣，呈现特殊的哭丧面容，两眉紧闭、愁眉苦脸、双目凝视、面无表情，常会暗自流泪。

（五）寻求治病型

该类人员因生活较困难，而又身患疾病，想通过救助站的帮助，得到治疗。在站内的表现多是服从配合工作，但不时地提出治病要求，经过多次后，会提出更高要求的治疗条件。

（六）走失型

该类人员因迷路、智障、赌气等原因而走失，自行来站或被护送来站求助。他们多是年老体弱或有精神障碍的人员。这类人员大多不说话，或乱说一通，坐立不安、心神不宁、惊恐、多虑、焦躁不安、易激动和易发怒。思维消极、悲观、自责、自卑，感到任何事情都困难重重，对前途悲观绝望。

二、救助保护类行为表现

救助保护类人员即流浪未成年人员，其总的流动趋势是从农村向城市，从经济较落后的内地向较发达的东南部地区流动。广州市的流浪未成年人中有83%来自农村地区，主要来自湖南、四川、江西和新疆等地。救助保护类人员的行为表现有：

（一）被操控型

该类人员法制观念淡薄，对自己行为没有深刻的认识，只是觉得如果不按操纵者的要求去做事就会受到惩罚，没有正确的是非标准。他们被操控乞讨或做违法之事，也有胆大妄为者，在站内不听劝导，一心想早点离站，出去与所谓的“大佬”重操旧业。

（二）家庭不稳型

该类人员的家庭关系复杂，较多的是因为家庭分裂或重组家庭。这类人员大多不喜欢被管教，叛逆性强，脾气暴躁，易产生矛盾，喜欢用暴力解决问题，抵触情绪强，不善与人相处，自私心重。

（三）务工不着型

该类人员可以说是“早熟”的，对社会各种现象都有自己的“认识”，对社会也有较多的偏见，虽一时没有找到工作，但还是想在站内待一段时间后，再到社会上去拼一番。在站内表现为能配合工作，但一听到要与其亲人联系返乡，就极不听话。

（四）寻亲不遇型

该类人员可以算得上是“乖乖型”，在入站救助前是由谁带就相信谁，大多数没有主见。其目的只有一个，就是尽快找到自己的亲人，所以在站内的表现是主动提供自己所知道的一切，同时，又容易被其他未成年人欺负。

（五）厌学逃学型

该类人员流浪在社会上有些放任自流，把工作人员的教育当作耳边风。工作人员表扬或鼓励时，就表现得非常听话和顺从，一旦受到工作人员的批评，就会在以后不时对抗。这类人员喜欢在其他未成年人面前表现自己见多识广，爱吹牛。

（六）弃童迷童智障型

该类人员多是智力发育迟滞，语言功能极弱，较难进行正常的沟通交流；表现多为沉默，偶尔含糊说出几个字，大多数时间是自娱自乐。

三、流浪乞讨类行为表现

根据广州市救助站的统计，流浪乞讨类人员占总救助数量的25%以上；男女比例约为67∶33；年龄结构比例，18岁以下、18～59岁、60岁以上的比例约为17∶55∶28；主要来源地为河南、贵州、甘肃；农村占93%，城镇占7%；接受教育程度普遍较低，文盲占78%、小学文化程度占15%、初中以上文化程度占7%；流浪乞讨人员主要在人流密集的地方，如寺庙、地铁口、天桥、人行道、交通路口、火车站、汽车站等地方乞讨。

流浪乞讨类的行为表现有：

（一）示弱行为

流浪乞讨人员通过各种各样的方式将自己最弱势的形象、苦难经历、悲惨际遇向路人展示，博取同情，获得施舍。例如，有些乞讨人员故意暴露自己的残肢、裸露被烧伤的身体等。

（二）欺诈行为

这是多数正常青壮年采取的乞讨方式之一，乞讨人员为了得到别人的同情和施舍，伪装成残疾、伤病、假装受灾、钱包被扒、假扮孕妇等不同的角色，编造痛苦经历来获取同情。例如，有的假扮学生乞讨，跪在地上，前面放一张告白书、医院证明、死亡证明等，上书父母双亡、家有弟妹无钱读书、求好心人资助等。

（三）卖艺行为

流浪乞讨人员利用自己所谓的“一技之长”，在人口密集的地方展现自己的“绝活”，卖艺乞讨。这种乞讨方式比较文明，乞讨时大多会表演些节目，如拉琴、唱歌、写字画、耍猴等。

（四）强讨行为

流浪乞讨人员利用特殊的身份进行强讨强要，或者变新的花样逼对方施舍。例如，被操控型的未成年人，拿着碗，抱住对方的大腿卖花或强讨，不给钱就不让对方走；有的在主要交通路口，遇到红灯时就上前为对方擦车，然后向对方要钱，如果不给钱就不让路。

不同类型的流浪乞讨人员，其行为表现有一些共性的方面：

（一）职业型

这部分人是将“乞丐”当成一种取得收入的职业，该类人员到站后，有着极大的逆反心理，认为到救助站救助就是断了财路。在接收时候，绝大部分人员不配合，有的干脆装疯卖傻、不肯下车、辱骂工作人员，甚至有追打护送人员等行为，出现“三不”现象（不理、不说、不答）的较多。但在接收后，进入救助管理区内，态度转变得较快，大部分人员还是较配合工作，其目的只有一个，希望他的“较好表现”能让其早日离站，继续到街面上乞讨。

（二）兼职型

这部分人员具有一定时间周期性，以中青年携带未成年人乞讨和学生外出乞讨为主。农民兼职乞讨人员，有成群结队乞讨的，以甘肃籍某一地区的人员为主；有单个行动外出乞讨的，以河南、安徽一带为主。成群结队兼职乞讨人员，在返乡时，多数人员是主动到救助站求助希望得到返乡乘车凭证，这部分人员有的是时间，能耐心等待，能积极主动配合工作。但是，学生兼职乞讨人员，以单独行动、利用道具乞讨、虚报个人情况的为多，行动和表现上稍有“内向”，很少与其他人员交流，比较典型的有贵州省某地的学生利用学校放假的时间来乞讨学费。

（三）被迫型

该部分人员占乞讨人员的比例少，多能听从安排。从街面的劝导入站，到站内的救助，都能配合工作。在救助站内，多是独自行动，显得与别人有一种脱节的感觉，在工作人员与其交流时，多是应付了事，故意提供虚假资料；不讲究个人卫生。一旦看到有新的受助人员入站求助，又喜好聚集在附近围观，工作人员上前与其交流，又立即离开。

（四）操纵型

这部分人员主要是未成年人和残疾人，受他人控制，平日乞讨所得必须全部或部分上缴给控制人。被操纵的残疾人多以痴呆、生活不太能自理人员为主，在救助站内往往需要人照顾，对工作人员的问话大多是不能回答，或含糊不清；被操纵的未成年人多是有强求卖花、抱腿强讨、尾随偷窥等行为，该类人员的是非观念不清，对工作人员的教育较难接纳。

四、非常规类行为表现

非常规类人员大多是被护送到救助站。其行为表现有：

（一）拾荒型

拾荒者以捡废旧报纸、塑料等废旧物品作为养家手段，把所带的物件都视如宝贝，如果工作人员稍稍移动其物件或丢弃其废品，对方就会大吵大闹，对救助站采取抵触的态度；晚上休息时，喜欢偷偷到房间外的空地上睡。

（二）露宿型

该类人员或刚到城市不久，或有工作无固定住所，睡在桥底、涵洞或废弃的建筑工地上，随身携带东西相对较少，主要是日常生活用品如衣服、洗刷用品等，在站内主动找到工作人员要求离站。

（三）上访型

该类人员因问题得不到解决，行为方式较偏激，例如，在上访过程中会有拉横幅、聚众、阻塞交通等行为，以期引起相关部门的重视；来到救助站内接受救助，往往会认为救助站与其所要上访的单位是有关联的，所以在站内说话大声、脾气急躁。

（四）嫌疑型

该类人员基本上是由公安部门人员护送而来的，数量一般较多，由公安部门人员负责管理这类人员，救助站主要是负责解决这类人员的临时食宿问题；该类人员基本上是封闭式管理，吃、喝、拉、撒都在房间内，与其他人基本不接触，留站的时间也不长。

（五）应急型

该类人员基本上是按上级领导的要求，实施特殊的救助。该类人员入站救助具有共同的原因，所以具有“扎堆性”，在日常生活中基本上是共同进退，与别的求助人员接触相对较少。

（六）甄别型

该类人员基本上都是在医院抢救，绝大多数处于昏迷或半清醒状态，对工作人员的甄别问话回答得含糊不清或者无法作答。

（七）境外型

这类人员大部分是由公安部门人员护送入站求助，核实工作多由公安部门进行。

第三节　形成的原因

受助人员的类型不同，其形成的原因也各有差异。概括起来，导致被救助的原因主要包括社会因素、家庭因素、个人因素和经济因素。

一、社会因素

（一）社会保障

有些地方政府的社会保障制度不健全，特别是对于弱势群体而言，诸如年老、疾病时得不到有效的保障，更谈不上大病保障制度，一旦患病，就得不到治疗，为了生存，外出流浪乞讨就成了唯一出路。

（二）社会治安

社会的治安与维稳有着极大的关联，例如，财物被骗、被盗、被抢等造成社会的不稳定因素，受助人员来到救助站求助，自然而然就会带有一定的社会不稳定情绪。

（三）社会体制

我国现行体制不能完全适应经济发展的要求。例如，我国的教育体制以分数作为衡量学生优秀与否的标准，忽视了其个性发展和综合素质培养，分数不达标、学习成绩差，就会遭到训斥、嘲笑、批评甚至打骂。日积月累，学生就会产生严重的逆反心理与厌学情绪。

（四）社会风气

部分人致富心理遭到扭曲，“职业乞丐”就是其中最为典型的代表。一些辛辛苦苦打工的人收入反而不如一个乞讨者，他们的心理和思想观念很可能会慢慢改变，甚至加入乞讨行列。

（五）打击犯罪力度不够

对于犯罪分子操纵未成年人或残疾人进行牟利的行为打击力度不够。例如，租借未成年人或残疾人进行乞讨，或监护人存在监管不严的情况，致使犯罪分子操纵未成年人或残疾人乞讨和亲属间接利用未成年人或残疾人乞讨的现象呈扩大化的趋势。

（六）同情之心

慈悲为怀是大多数民众的道德观念，民众对流浪乞讨者的同情心往往是滋生“职业乞丐”的温床，就会导致“乞讨三年半，回家盖楼房”现象的出现。

（七）家境贫困

因为家境贫困，不得不到城市进行务工或乞讨，这部分人员大多来自偏远山区或贫困地区，当地政府的财政状况不好，很难兼顾到所有的百姓，单靠在家务农或工作很难解决生计问题或发家致富。

二、家庭因素

（一）教育不到位

因家庭的多种因素，如家庭解体、暴力、寄养等，使未成年人不堪忍受，得不到家长的教育和关爱，而导致离家出走流落街头，最后只好求助于救助站。

（二）孝心不到位

有许多年老病残的人员，因为不能或很少为家庭增加收入，相反需要增加家庭的额外开支，对家庭造成沉重的经济负担；有些人没有爱心或孝心，把子女或父母赶出家门，让其流落街头，任其自生自灭。

三、个人因素

（一）文化程度

主要归结于文化水平低，大多父母是小学文化程度，教育孩子方法不当，导致新生代受教育程度不高。

（二）自身技术

进城务工的农民，在得不到以出卖劳力谋生的工作时，他们往往会选择乞讨，乞讨正日渐成为失业农民工新的谋生手段。

（三）思想观念

从文化方面来看，在任何一种社会形态里都会既有主流文化，同时也存在着主流文化之外的“亚文化”或“次文化”，而流浪乞讨文化便属于这种文化性质。加上当地风气不正，就出现了“乞丐村”，村民的流浪乞讨不仅不会受到社会的谴责，反而为其他人所羡慕和效仿。

四、经济因素

（一）发展失衡

我国社会经济结构的变化，造成城乡收入水平差别巨大，地区发展失衡，最终导致农村人口大量向城市转移，农业生产逐步向工业生产转变。

（二）贫富差距加大

经济发展的不平衡和社会再分配制度的不完善使不同地区之间、城乡之间及不同社会成员之间的贫富差距日渐加大。部分边远地区收入极低，生活困苦，农民即使在城市流浪乞讨所得也比在当地收入高，因社会保障制度不健全，迫使农村老人、残疾人走上流浪乞讨之路。

（三）就业条件

由于城市国企改革的加速，使得不少人员下岗，造成失业率提高，在一定程度上加剧了城市间流动人口的增长。随着人们在生存条件尚不能获得充分保障的情况下，其中的一部分就转向了流浪乞讨。例如，在2008年国际金融危机下，因务工不着而来站求助的人员较多，这部分人多是以暂时居住为主，在经济条件稍有好转时，立即离站外出寻工；当他们在外务工不着时，只能被救助，无形中就把救助站当成了临时的庇护所或暂时的免费旅馆。所以他们对工作人员的管理和安排都不会太挑剔，而且还能主动带领其他受助人员共同搞好房间的卫生，暂时把救助站当成自己的家。同样，经济条件不好时，社会上的职业乞讨人员也相应增多，而且还会出现成群结队的乞讨趋势。

第三章
流浪乞讨人员的心理分析

为了较好地把握流浪乞讨人员的心理状况，笔者事先对流浪乞讨人员进行了调查研究。在3个月的时间里，通过问卷调查、个别访谈及案例分析等方法，对广州城市流浪乞讨人员共125人进行了调研，其中成人82人、儿童43人。笔者发现外出流浪乞讨的成因并非只是由于外界客观的因素，还存在很大方面的心理因素。因此本章将结合笔者的调查，对流浪乞讨人员心理层面的因素进行分析和探讨。

第一节　不同年龄流浪乞讨人员的心理分析

一、流浪未成年人心理分析

流浪未成年人的生活极为艰辛，生存方式主要有乞讨、捡拾（捡垃圾卖和捡东西吃）、偷盗、抢夺、卖假、打小工等。他们长期处于无人管教的状态，往往容易形成一些不良的人格特点，并存在严重的行为问题。中国流浪儿童研究报告显示，流浪儿童出现情感和品行问题的比率大约是正常儿童的3倍，很多流浪儿童都有焦虑、抑郁和退缩倾向。

在走访和调研中，笔者发现流浪未成年人有一些共同的心理特征。归纳起来主要表现有：

（一）天真却成熟的“小大人”

流浪未成年人和正常孩子一样，也充满了童真，他们活泼、顽皮，总是喜欢一起玩游戏。他们不会记仇，刚刚还因为玩具分配不公而争吵，转眼又一起说说笑笑。对于生活极易满足，一份小小的礼物会让他们欢呼雀跃，对于喜欢的东西总是抑制不住地想去争取。在举手投足之间显出稚气，令人总是不自觉地将他们当成孩子。

然而，当笔者与他们进行深入交谈时，又感觉到他们远比同龄人早熟。在谈及他们所经历的那些本不该承受的磨难时，总能表现出坚强和勇敢。在街头流浪，不得不面对各种各样的困难：季节更替时，他们积极寻求安身之地；遭受社会歧视时，他们勇敢对抗；还有警察的驱赶和成人的殴打等，都是每天不得不需要考虑的现实。为了生存，他们常常穿梭于大街小巷，在困难重重的社会环境中仍然努力地生活着。他们付出了正常孩子无法想象的代价，过早地承担起生活的责任，所以又不能仅仅将他们当作孩子看待。

（二）无助

很多流浪未成年人都是由于家庭因素而选择外出，因此在生存方面的技能并不完善，他们不得不在摸索中成长。这个过程本身就充满了危险和伤害，但他们又没有获得其他的支持途径。如果求助于警察，又怕警察抓他们，特别是一些有过偷抢行为的未成年人，更不会去求助警察。同时，很多未成年人对救助站并不了解，以为它是和看守所同类的机构，不敢主动求助。

另外，社会上还有很多以控制未成年人获得暴利的犯罪分子，他们总是胁迫流浪未成年人去做一些违法的事情。未成年人又没有足够的力量去对抗这种情形，在设法逃避这些危险的过程中，总是凸现出未成的人无助的一面。加之社会对流浪未成年人存在着一种排斥意识，很多人看到流浪未成年人都会采取不理睬或者恶语相加的方式，这更使得这些流浪未成年人感到无助。

（三）爱撒谎

据救助站工作人员总结，撒谎在流浪未成年人中是一个普遍的现象。特别是流浪时间较长的未成年人，经常会谎报家庭地址、自己的流浪生活经历等。由于长期流浪在外，这些未成年人变得不信任社会或他人，因此在最初接触救助站的工作人员时，会不自觉地采取撒谎的方式进行防御。有时，他们还会采用撒谎的方式去博取别人的同情。

但是，如果这些未成年人可以感受到周围人的关心及所处环境的安全，他们就会带着尝试的心理逐步透露自己所经历过的一些事情。例如，在进行访谈时，有一个儿童最初说自己不会写字，在取得信任后，他说自己撒谎了，其实是会写字的，只是出于戒备心理才撒谎的。

还有一个重要的原因就是很多未成年人是由于家庭暴力或父母离异等原因而外出，他们根本不想回家，一旦得知救助站会将他们送回老家时，就会以撒谎的方式来搪塞。

（四）好奇心强

未成年人的好奇心都很强，他们对外界事物较敏感，容易被新奇的事物和现象所吸引，总想去探知外面的世界。外出流浪也就成为一些未成年人的选择。在调查中，部分未成年人说在家里感觉很没意思，想外出游玩，于是开始了他们的流浪生涯。

也有的流浪未成年人是因为外出见网友后受骗导致流浪的。这种情况主要多见于正值青春期的少年。他们在网上结识异性，感受异性的关爱，产生见面的冲动，于是外出寻求自己理想中的真爱。然而，这种行为又带有很大的危险性，有的流浪未成年人说自己由于外出见网友而被骗去做一些违法的事情，如去偷东西等。调查显示，23.3%的未成年人是因为外出见网友而开始流浪的。

（五）自我意识较低

研究发现，流浪时间短的未成年人比流浪时间长的未成年人的自我意识要高一些。分析其原因，笔者认为流浪未成年人在街头所获得的信息与正常未成年人有很大的区别，他们总是在嘲讽中求得生存，在轻蔑下艰苦生活，而这时他们对自己的认识正处于从外界评价转向自我评价的时期，接受不到良好客观的评价会使他们对自我的认识也有些模糊，生活的目标和自我的价值感认识不清，不知道自己是为什么而活。在访谈中发现，80%以上的未成年人都说自己没有什么目标，也不知道自己能够做些什么，这给笔者提供了一个思考点，即对于流浪未成年人的救助要尽早入手，要重视那些刚刚流落街头的未成年人，这样可更好地增强流浪未成年人对自我的认识，也更有利于改善他们的生存方式。

（六）有一定的自尊

通过与流浪未成年人的深入接触，可以感受到他们已有较好的判断能力，特别是那些有轻微犯罪行为的流浪未成年人，他们知道什么是对与错，但迫于生存及外界的压力，只好通过一些违法的手段去谋得生存。他们也很希望自己能够尽快长大，通过自己的努力挣钱生活，而不是靠流浪乞讨度过一生。相对于成人而言，流浪未成年人的自尊水平较高，他们不希望看到别人歧视的目光，有时甚至会因为受到陌生人的嘲笑而与其发生冲突。

（七）幸福感较低

程福财（2008）的研究表明，流浪未成年人的总体主观幸福感水平低于一般人群，对自己的生存状况很不满意。流浪未成年人的生活中充满着饥饿、寒冷、疾病等危险因素，同时还经常会受到他人的歧视、凌辱、虐待等，使得他们年幼的心灵充斥了大量的负面情感与压力。在调查中，有37.1%的未成年人有明显的情绪低落，在回忆流浪生活时，更多的是一些伤心的经历。

（八）偏差的行为

在流浪的生涯中，未成年人开始变得冷漠、脆弱、情绪波动大，并开始对他人产生敌对情绪，对行为的控制能力减弱，有暴力倾向。在访谈中，笔者发现他们遇到刺激时情绪化严重、易怒，并且会出现打架事件。过早接触社会不良信息，使得他们认为只有自己强大，别人才会怕自己，生活才会安全，因此总是会以打架的方式来证明自己的强大。这也是流浪未成年人出现偏差行为的一个重要原因。

（九）对未来充满希望

在与流浪未成年人的交流中，我们发现很多流浪未成年人都有学习的渴望，希望能学一门技术。他们退学的原因并不完全是因为不爱学习，而是家庭问题或经济因素所致。他们对未来还是充满了希望，大部分流浪未成年人都希望自己可以学到一项能养活自己的技术，在18岁以后能开始工作，并希望自己将来的生活会比现在好一些。

二、成年流浪乞讨者的心理特征

成年流浪乞讨者和流浪未成年人的心态会有些不同，他们经历了太多的人情世故，心理变得更加复杂化。

（一）价值感

在接受访谈的流浪乞讨人员中，很多都是50岁以上的中老年人，他们已经没有了拼搏的激情，也在流浪的生活中磨平了棱角，总是感觉一切都没有太多的价值。在调查中发现，他们对目前的乞讨生活是一种认命的态度。

（二）认同感

在流浪乞讨的成人中，很多人都有这样一种态度，即我是乞丐我怕谁。在长期的流浪乞讨过程中不再存在羞耻感，相反，对自己的流浪乞讨行为拥有自豪感。现代社会出现了很多职业乞丐，他们身体健康也有劳动能力，但是他们看中了“乞讨”这条发财致富之路，很多乞丐并不是因为无法生活而去乞讨，因此，乞讨者中不乏采用欺骗、强索等行为进行乞讨的假乞丐。他们认为只要可以养活自己就行，不在乎生存的方式，如果运气好可以攒到很多钱的话，过年回家时别人还会羡慕自己。

（三）懒惰

据救助站工作人员研究，很多成年流浪乞讨者都很懒惰，他们总是对周围漠不关心，生活无规律，不讲卫生。不愿付出体力或脑力去养活自己，却总是希望不劳而获，当发现乞讨可以不用费太多体力就可以获得一定的收入时，很多人便开始从事乞讨而不再劳动。他们总是躺在大路边、公园、寺庙等处，以不同的方式向路人展示自己的悲惨经历（可能很大一部分都是自己编出来的），以获得同情的方式来骗取钱财。

（四）家庭观念复杂

很多成年流浪乞讨者都是由于家庭问题而外出的。特别是在一些贫穷地区，儿女的不孝，亲戚的无情，让很多老年人寒心，因此不得不外出乞讨。有些地区甚至还会相互比较，看到别人家的老人在外面不但可以养活自己，还可以攒钱买年货，于是也驱赶自己家里的老人外出乞讨。

对于这样的家庭环境，流浪在外的老人有着复杂的看法，他们一方面懊恼自己的儿女不孝，希望能通过一些渠道为自己讨回公道；但另一方面，又不希望自己的儿女受苦，总是想着只要他们生活得好就行了。在访谈中，有的老人在谈到自己儿女取得的成就时，还会露出欣慰的笑容。

（五）盲目从众

从众是指个人受到外界人群行为的影响而在自己的知觉、判断、认识上表现出符合公众舆论或多数人的行为方式。但缺乏分析，不作独立思考，不顾是非曲直地一概服从多数、随大流，则是不可取的，是消极的“盲目从众心理”。

在流浪乞讨的人员中，有很大一部分是存在从众心理的。当看到别人在外面乞讨能挣到很多钱时，便也开始加入流浪乞讨的行列。在农村里流传着这样一句话：在外磕头，回家盖楼，这更促使很多想不付出努力的人开始流浪乞讨。他们总是喜欢跟着大家走，而不独立思考，只要有人在乞讨中挣到了钱，就认为自己这样做也一定可以挣到钱，却从未想过在流浪乞讨的过程中会有多少艰辛和痛苦。

（六）消极对世

在访谈中发现，很多流浪者总是消极地对待生活中发生的事情，他们会在情绪低落时采用喝酒、吸烟等方式宣泄，并希望自己能够忘记过去不愉快的事情，而不会去想如何解决目前的困境。在流浪的生活中，他们不再相信努力的成果，而是不断否定自己，认为自己做任何努力都是没有效果的。成年流浪者总是以一副听天由命的姿态对待生活，过一天算一天。

（七）归因方式

归因是指个体根据有关信息、线索对行为原因进行推测与判断的过程。流浪乞讨者更多倾向于外因，认为我之所以成为这样，都是因为政府的政策不公、都是别人的错等，而很少去反思自己的付出，或是不是真的没有改变的余地。他们总是喜欢将困难扩大化，并以此来证明自己的流浪乞讨行为不是自己所希望的，而是社会环境导致的，这样可以减少他们在流浪乞讨时内心的冲突。

（八）情绪状态

成人流浪乞讨者的情绪多为消极，且波动较大，特别是一些流浪的妇女，谈及家庭问题时，会出现大哭的情形。在调查中发现，67.2%的流浪乞讨人员在回忆流浪乞讨经历时，伴有“痛苦”的情绪体验。

第二节　不同地域流浪乞讨人员的心理分析

广州市的乞丐主要来源于中西部经济欠发达的省市，特别是外出务工人员输出较多的省份。流浪乞讨者多为农村人口，其中乞讨人员中就存在一些“周期型乞丐”，他们农忙的时候在家务农，农闲的时候则从农村来到城市，兼职做“乞丐”。各个地域的流浪乞讨者又带有不同的文化背景和心理特征。

一、东北地区流浪乞讨人员的心理特点

东北地区的流浪乞讨人员以山东为多。山东是孔孟之乡、礼仪之省，与其他地区的人相比，山东人多了几分儒雅。山东自古多大将、忠义之士。山东人的形象普遍不错，他们责任感很强，忠厚、直爽、孝顺，深受儒家文化的熏陶，特别讲究人际关系和尊卑等级，家庭观念强，乡土意识重，地域自豪感强。这也反映在流浪乞讨人员的行为中。笔者在调查中发现，山东地区外出的流浪乞讨者心理特点如下：

（一）行为方面

多以拾荒为主，也会从事乞讨，但一般不会强行要求路人施舍。他们会礼貌地对待向他们施舍的路人，并在得到施舍后表达感激之情。

（二）情绪方面

山东外出流浪乞讨者更多的是以豁达、开朗的心态来面对生活，并不会追求过多的金钱。他们对生活的困难能够坦然面对，有一种随遇而安的平静。

（三）认知方面

他们对于自己的困境并不会抱怨，会客观地进行评价，不会盲目地将问题全部推到外界的环境之中。

此外，东北地区的人因为性格较豪爽，讲义气，因此在进行乞讨时，一般也会互相帮助，敦厚仗义，在得到救助时也较为配合。

二、黄河中游地区流浪乞讨人员的心理特点

黄河中游地区的流浪民乞讨人员以河南为代表。河南地处中原，是中华民族的发祥地，六大古都有3个在河南。很多河南人，尤其是农村人很纯朴、很勤奋、能吃苦，生活习惯历来以简朴著称，乡土观念很重，是中国第一大劳动力省。河南是一个农业大省，有国家粮库之称，但随着经济的发展，农业在经济中的地位逐步下降，工业和第三产业日益兴起，导致河南的经济发展不足。同时又地处中部，可利用的资源不多。于是，河南人开始谋求新的发展，但有一些人却开始从旁门左道着手，能骗则骗，能坑则坑，损害了河南人的形象。河南人在大城市里普遍地位不高，但名声却最“响亮”，收废品的人很多，固始县被称为“废品之乡”。

在被访的人员中，有36.1%的成人来自河南，并且外出流浪乞讨者多是由于儿女不孝而外出，且以老年人为主。他们的心理特点有以下几点：

（一）情绪方面

外出流浪的河南人多数是由于儿女不孝，因此在访谈中他们的情绪普遍消沉。特别是对待亲情方面，有种绝望的感受，很多老年妇女都是一直在骂自己的儿子、儿媳。

（二）认知方面

对待事物的态度较为消极，更多地将问题的原因归于外界所致，甚至认为这是无法改变的，只能选择流浪乞讨，并没有思考有没有更好的解决问题的方式。

（三）行为方面

调查发现，河南流浪乞讨者较为懒惰，希望不用付出努力就能发家致富。同时从众心理很强，总是会跟随别人的方式去行动。特别是在驻马店及其周边地区，流浪乞讨似乎成了一个能致富的方式，甚至出现以老乡带老乡的方式外出流浪乞讨。

三、长江中游地区及西南地区流浪乞讨人员的心理特点

长江中游及西南地区外出流浪的人员并不多，主要集中在贵州一带。谚语道："天无三日晴，地无三尺平，人无三分银。"贵州是中国唯一没有平原的省份，走进贵州，就走进了山之国，几乎找不到大一点的平整土地，有人将贵州比作"八山一水一分田"。山民生活虽然相对贫困，却也算憨厚朴实。贵州可算是移民之省，除了苗族、布依族等少数民族外，汉族多是经历史上几次人口迁徙进去的。由于地处偏远、交通不便、开发较晚、文化落后等原因，贵州的人才很少。贵州人虽精壮能干，却缺少吃苦精神。

在访谈中笔者发现，从贵州外出的流浪乞讨者有以下几点特征：

（一）行为方面

多以妇女携带儿童的方式进行乞讨，以获得别人的同情来谋取财富。有些家庭则是丈夫在广东打工，妻子则带着孩子外出乞讨。这种以牺牲下一代的代价来换取金钱的方式实在让人痛心。在救助站内，和贵州的流浪乞讨者很难进行交流，他们对站内的工作很不配合。

（二）情绪方面

态度较蛮横，认为在救助站内就是应该得到救助，对获得救助物资没有感激之心。并且情绪波动很大，总是吵闹着想要出站。

（三）认知方面

他们更多地追求的是眼前的快乐，很少去思考将来的发展，特别是关于下一代人的发展，只想着追求金钱，认为生活困难是无法改变的，只能这样生活。

四、大西北地区流浪乞讨人员的心理特点

西北有广袤的黄土地，色调、景物、声音都比较单调，很多东西是凝重不变的，这在很大程度上造就了西北人的性格。在艰苦的环境中，人们用音乐排解心中的苦闷，所以陕北民歌才会显得那么悠远和绵长。西北地区以少数民族为主，在早期发展中冲突较多，所以他们更崇尚武力，特别是男人体形粗壮，声音洪亮，臂力过人，但心地善良，为人敦厚，性格豪爽，敢爱敢恨。在西北地区外出流浪乞讨的主要以新疆人为主，且以儿童为多。他们的特点如下：

（一）行为方面

更倾向于用武力解决问题，在外流浪也会时而发生冲突。笔者在对救助站儿童进行团体辅导时，有两个来自新疆的儿童就表现出攻击性。同时他们也以义为重，会为朋友两肋插刀，因此，有些儿童常常参与到一些违法的事情中去，如偷、抢等。

（二）情绪方面

他们的性格中有冲动性和攻击倾向，遇到事情时不会冷静思考，往往采取攻击等暴力手段解决。情绪波动较大，会因一些小事而大发脾气。

（三）认知方面

喜欢将问题简单化，认为只要身体强壮，一切都可以改变。一旦认定的事情，就会急切地想去完成，不会过多地考虑后果。

第三节　不同性别流浪乞讨人员的心理分析

在流浪乞讨人员中，大部分是男性，女性只占了较少的一部分。然而，即使同样是在流浪乞讨，但他们的生活经历和心理状态却有着很大的不同。

一、女性流浪乞讨者的心理特点

由于女性的生理限制，在社会中表现出柔弱的一面还是很容易被接受的，因此社会对于女性流浪乞讨者的态度相对比较宽容。在调查中笔者发现女性流浪乞讨者主要具有以下几方面的特点：

（一）情绪低落

女性天生敏感、脆弱，当她们面对困难和挫折时，往往容易表现出情绪问题。因此，在流浪乞讨的过程中，如果受到嘲笑、辱骂、殴打等情况，或者成为犯罪分子的施暴对象，被贩卖、强奸等，她们会表现出极端的情绪和行为问题。但她们常常是无力反抗的，只能采取逃避的方式来应对，这让她们变得孤独、情绪低落。

（二）爱慕虚荣

有一部分女性流浪乞讨者好吃懒做，不愿意承担家庭的责任，总是想走出贫穷的环境。这样的女性在外流浪时，没有可以依赖的生活技能，也不想付出努力，往往经受不住流浪的艰苦，但又想过上衣食无忧的生活，因此她们中有一部分人就会受到社会不良信息的影响，而走向色情行业。

（三）自尊心强

社会大众总是对流浪人群采取否定的态度，更有甚者会欺辱她们。在与女性流浪乞讨者进行交流时，笔者发现，虽然她们为了生存不得不沿街乞讨，忍受着别人的歧视甚至侮辱，但是她们仍会把乞讨当作一件羞愧的事情。因此，女性流浪乞讨者的求助动机弱，她们碍于面子，不愿反复求助于相关机构。即使有现实的求助需求，也不愿主动表达接受救助的意愿。所以除非实在走投无路，她们一般不会主动以“流浪乞讨人员”的身份进行求助。

（四）易轻信别人

部分农村女性文化水平比较低，生存技能掌握较少，对别人抱有信任感，很多女性因此被拐骗离家走上了流浪之路。在调查中很多女性流浪乞讨者表示，当遇到“同乡”时，会消除戒备，容易产生亲切感，并会信任对方所说的话。根据相关调查发现，很多女性都是被陌生人或同乡以介绍工作为名骗出来，被迫从事违法行业。

（五）对家庭的渴望更强烈

家庭作为社会的细胞，具有稳定社会并推动社会发展的作用。然而女性流浪乞讨群体一般都是由于家庭的问题而流落街头。她们中有些是由于丈夫的意外去世而被婆家人赶出来的，有些是由于家庭暴力而选择离家出走的，有些则是由于儿女不孝而被赶出家门的。因此，在流浪乞讨的过程中，她们更渴望能获得一些关心。不少女性流浪乞讨者会寻求伙伴，有些甚至会合租住房，以便彼此之间有个照应。

（六）难以沟通和交流

由于特殊的流浪经历，大多数流浪乞讨女性对别人有着较强的抵触心理。在接受救助和被询问时，很多女性出于自我保护的本能反应而撒谎，或者选择沉默。特别是已经遭遇过很可怕的事情，就会选择将自己完全封闭起来。

二、男性流浪乞讨者

在大多数人眼中，男人就应该顶天立地，有一份自己的事业，有一定的成就，要能担负起照顾家庭的责任，这些可以说是男人的使命。男人要是连自己都养不活，要靠乞讨为生，那是会被人歧视的，而他自己也会感到自卑。因此，男性流浪乞讨者的心理特点有以下几个方面：

（一）易冲动、攻击性强

男性体质相对于女性要强一些，所以在遇到冲突时总是采取较为激进的方式去解决；加上他们的文化水平总体比较低，容易出现认知的偏差，情绪的控制力相对较弱，所以攻击性行为较多。

（二）好炫耀

流浪乞讨者总是喜欢在别人面前讲述自己的经历，甚至夸大问题的难度，以此来证明自己的聪明和老练。同时也喜欢在同行（流浪乞讨者）面前炫耀自己乞讨的成果，以提升自己的地位。

（三）改变动机弱

流浪乞讨者每天基本上都可以讨到一些钱，然后喝喝酒，打打牌，很自由，也很开心。即使有难过的事情，也会在喝酒聊天中烟消云散。当他们适应了这种生存方式以后，就不会轻易做出改变。并且在流浪乞讨人员中，大部分人都存在及时行乐的想法，认为只要今天过得开心，就不用去想明天会发生什么。甚至有一些人还认为他们也是在依靠自己的技能和劳动生存，并不是社会的负担，根本没有考虑要做出什么改变。

第四节　不同求助方式流浪乞讨人员的心理分析

一、主动求助者

主动求助主要是指因种种原因而导致无力解决食宿、无亲友投靠，需要救助站帮助解决暂住或返乡的问题。常见的求助类型有：生活困难、务工不着、被骗财物、财物丢失、被盗被抢、无钱返乡、寻亲不遇、寻求治病等。对于这些类型可以归为两大方面：

第一，由于客观原因而求助的，如被骗财物、财物丢失、被盗被抢等，这部分人通常会有以下几种表现：

（一）情绪方面

在接受救助前很沮丧，认为自己很倒霉，对丢失财物很伤心，并会责备自己太过大意，没有看好财物。由于正处于困难之中，所以在接受救助时会表现出感激之情。

（二）行为方面

对救助站的纪律比较遵从，在救助站内比较配合，对工作人员的工作也能够理解。有时他们也会主动帮助救助站工作人员做一些简单的事情。

（三）认知方面

对自己所处的困境并不是太担心，对生活充满积极的态度。在救助站内能够以平静的心态去面对生活，认为自己以后外出时多注意就可以避免问题的发生。对自己的评价较高，认为自己在以后的生活中可以应付所面临的问题。

第二，由于主观因素而进行求助的，如不想工作、外出游玩等。他们外出流浪主要是想体验不同的生活，因此会有一种新鲜感，对生活的最大要求就是自由。因此，他们在流浪乞讨生活中的心理特点如下：

（一）心理比较矛盾，情绪波动大

在进行流浪乞讨时，他们会感觉生活很自在，并且会有愉快的体验，幸福感相对要高一些。但他们来到救助站后会很快感到无聊，情绪会变得低落，易发怒，总是希望能早点离站。并且如果所去的地方没有想象中那么美好时，会产生很大的失落感。

（二）行为方面

在外流浪乞讨时，并不以追求金钱为目标，而是以自由快乐为主，因此很会享受生活，常去不同的地区体验不同的生活。与人交流良好。在救助站内会感觉无所事事。

（三）认知方面

对生活持相对乐观的态度，认为只要自己快乐即可，不用太在乎别人的看法。

由于他们崇尚的是一种特立独行的生活态度，追求与众不同、自得其乐的生活方式，总是想体验新的环境，所以私自离站的可能性很大。

二、被动求助者

被动求助者主要是指本人不想到救助站来求助，但又因不能解决食住或其他原因而流浪街头，被政府部门或其他人员护送到救助站求助的人员。这类人主要以流浪人员和乞讨人员为主。他们的心理特点主要如下：

（一）行为方面

他们一般都可以通过捡拾垃圾或乞讨获得一定的金钱，有些还能获得很多的收入，所以不想到救助站接受救助。特别是一些以乞讨谋利的职业乞讨者，会认为救助站其实是在抢他们挣钱的饭碗。因此，当他们接受救助时，会出现反抗的行为，甚至会选择逃跑来躲避。当进入救助站时，对救助站的工作也不配合，经常会借故与工作人员争吵，甚至出现殴打工作人员的情况。

（二）情绪方面

由于流浪乞讨人员更多的是以获得金钱为目的，在流浪乞讨时，对自己所经历的痛苦较能忍受，通过获得金钱来安慰自己。但他们在社会中毕竟处于边缘地带，所以幸福感普遍较低，因此在站内的情绪多以抱怨为主，即使在获得救助后，也不会感激。

（三）认知方面

他们对自己行为的认知有些差异，在访谈中发现，有的流浪乞讨人员承认自己的行为对社会治安会产生一些影响，还有一部分人则认为他们也是靠自己的努力来生活，特别是以拾荒为主的流浪者，多认为自己的行为是社会认可的生活方式。

总之，流浪乞讨人员的心理活动因不同的地区、不同的年龄、不同的目的而表现出不同的特点。在对流浪乞讨人员进行心理救助时，需要找到导致他们外出流浪的主要原因，了解其内心真正的想法，并掌握其情绪和性格特点，这样才可以更好地进行救助。

第四章
对流浪乞讨人员的心理救助

著名的人本主义心理学家罗杰斯认为，人都有能力发现自己的缺陷和不足并加以改进。流浪乞讨人员在心理上表现出来的脆弱性、冷漠和防御性强等心理特征经过恰当的辅导与调节也是可以改善的。心理救助就是专业人员利用一定的心理学知识与技巧，采取恰当的方式，协助弱势群体自省自思，并充分发挥其潜能，有针对性地帮助他们发现自身的价值，在责任中善用个人的权利和自由，改善其行为和生活质量。

第一节　心理救助的一般途径与方法

在心理救助的理论基础上，救助的方法可以根据实际情况呈现出多样化，如个案辅导、团体辅导、心理教育讲座、心理健康教育课程、心理热线、心理信箱等。下面就其形式进行简要的介绍：

（一）个案辅导

它是指一对一的心理辅导。通常，在各个救助管理区设立心理咨询室，并配置专业人员负责咨询工作。受助者本着自愿的原则到咨询室主动求助，专业人员也可以根据观察或他人的反映去主动关心，但最终是否愿意接受个别辅导，仍取决于当事人。另外，针对受助者的心理问题，要严格遵守保密原则，但是如果发现受助者有明显的自伤或伤害他人的动机与行为，则需要向相关部门反映。专业人员在提供咨询时还必须客观真实地记录受助者情况，并不断进行总结，为受助人群的普遍心理干预提供必要的依据。

（二）团体辅导

它是指针对一组人员进行的心理辅导，一般成员人数大约为 12 ~ 16 人。通常会根据前期的访谈及心理测量评估，把具有同样心理困扰或问题的受助者组织起来进行团体辅导。在团体辅导中，主要以流浪乞讨未成年人为主，以一定的受助人员为一个团队，在特定的团体活动室中进行，活动形式可以灵活选用，突出针对性、活泼性和实用性。在团体辅导中，如果发现某些成员有明显的异常情绪或行为，还需要进行个案辅导。每次团体辅导的时间一般是 1.5 ~ 2 个小时。在活动中，鼓励每个成员分享自己的感受及思考，活动结束后，鼓励成员写下自己的体会和感受。

（三）心理教育讲座

它是指针对群体进行的心理健康和心理卫生知识的讲座。讲座因其集中性、普及性及广泛受益性而深受心理干预者的喜爱。讲座需要根据当前受助者的心理需要和情绪行为状况，进行有针对性的讲座。专业人员可以提供一些简单实用的心理调节技巧进行现场演示，听众也可以根据自己的需要自由选择。

（四）心理健康教育课程

它是指以发展和预防为目的的系统性课程，其目标是培养被教育者良好的心理品质，促进情绪和行为的健康发展。内容包括人际关系的建立、情绪的调节、青春期问题的处理及个性和不良行为的自我矫正等。心理健康教育课程主要适用于长时间留在救助站的儿童和青少年。课程设计要符合实际情况，以一定的理论为依据，实施课堂教学；教学活动形式多样、方法灵活，引导被教育者积极参与。当然，心理健康教育课程也要有整体性与阶段性，主要让被教育者从认识上提高自己，不断地反思自身可以利用的资源，促进其成长。

（五）心理热线

心理热线因为方便、隐蔽而深受求助者的青睐。心理热线同样需要运用心理咨询的方法和技术去引导和协助对方减除心理困扰、提高解决问题的能力等。但热线电话有一定的局限性，因为不能和对方进行面对面的交谈，不能很好地观察当事人的面部表情、肢体动作等，因此有时会影响心理诊断的准确性及辅导的效果。

（六）心理信箱

书信往往是胆怯、不善言谈者的重要沟通方式之一。心理信箱的自由度比较大，求助者可以随时倾吐心事。但心理信箱同样存在局限性，如心理咨询师不能及时地对个案进行处理。

第二节　针对不同年龄流浪乞讨人员的心理救助

发展心理学的研究指出，不同年龄的个体心理特点是不同的，为了使心理救助的效果更好，针对不同年龄的受助者要采取不同的心理救助策略。根据儿童的心理发展特点，主要介绍个案辅导、团体辅导、心理教育讲座以及心理健康教育课程的辅导形式；而对于成年人的心理特点，则主要介绍个案辅导及心理教育讲座的辅导形式。

一、针对流浪儿童的心理救助

流浪乞讨儿童常常表现出如下心理特点：①认知方面：具有自我否定的特点，典型表现包括自卑心理严重、遇到困难退缩、自我防御心理突出等。②情感方面：感情脆弱、冷漠、情绪失控、对异性好奇等。③行为意志方面：自控能力较差，难以理智地做出选择和判断，认同反社会的行为方式，有说谎、盗窃、不守规矩等行为，有的还有暴力及网络成瘾倾向。针对他们的特点，可从以下几个方面进行心理救助。

（一）认知层面的辅导

1. 个别辅导策略

（1）专业人员运用同情心、真诚、无条件积极关注的方式与流浪儿童建立良好的关系，使其获得温暖、被尊重与信任，进而了解其自卑、退缩的原因，必要时对自卑、退缩的情绪行为特征进行心理评估。

（2）通过营造安全的氛围使流浪儿童对造成自卑、退缩的生活事件进行重新体验，充分宣泄长期压抑的情绪；利用“理性情绪疗法”，让流浪儿童了解自卑、退缩的不合理信念，识别自动思维，使他们发现不合理的想法与不能快乐生活之间的关系，从而建立新的认知系统；最后，应用“现实治疗法”，强调现实的责任，从对个人的行为负责开始作出改变，同时肯定其自我改变的责任与能力，并付诸实行。

（3）对流浪儿童的良好行为及精神面貌给予正性强化，即当某一操作性行为在某种特定情境和特定刺激下出现以后，即时得到能够满足行为者需要的强化物，那么，此后在特定情境和特定刺激下，这种特定的操作性行为的出现就会升高。例如，当一个自卑的流浪儿童在课堂教育的过程中主动发言，应及时表扬鼓励，必要时可给予物质奖励，如奖励一本作文书，并逐步增加其自我强化的能力与品质，增加其自我改变的信心。

2. 团体辅导策略

（1）一般情况下，专业人员可把 10 ~ 15 个流浪儿童组建成一个小团队。根据流浪儿童的心理状况，团体辅导可以是一次集中性的辅导，也可以是连续性的辅导，如果是后者，要确保每次活动的主题是循序渐进的。每次团体辅导的内容包括热身、主体活动、结束等，持续时间大约为 1.5 个小时。

（2）专业人员为流浪儿童营造安全温暖的氛围，使其以真实的身份参与整个活动，对于自卑、退缩的流浪儿童更是如此。在初次团体活动中要使参与者了解活动的要求，如说保密原则与行为契约。在强调保密原则时可参考这样的方法：要求所有的参与者围成一个圈，手握手并举起，一起跟团体领导者起誓：“只带走自己的心情，不带走别人的故事，宣誓人：某某某。”至于行为契约，一般由参与者自己来制订，团体领导者作必要的补充，最后形成契约。

（3）针对流浪儿童的自卑、退缩个性组织一系列训练活动。一般情况下，在正式活动之前要花 10 ~ 15 分钟的时间热身，主要是为了使团队成员活跃起来，增加其参与度与开放度。在团体活动的初期，可设计增加团队成员身体接触的活动，以加深彼此之间的感情。对于自卑、退缩的流浪儿童，可以设计一些如"总统选举"、"目光炯炯"、"优点轰炸"等活动，领导者也可以讲一些生动的故事，让团队成员感受到榜样的力量。一般情况下，主体活动包括活动部分与分享部分，活动部分为20~30分钟，分享部分为15~20分钟。

(4) 团体领导者要观察每个流浪儿童在团体中的表现，并给予适当的反馈，反馈以鼓励为主；同时留意团队成员的异常情况，并进行必要的个别辅导。团体领导者还要对活动的进程给予必要的引导，鼓励每个参与者分享自己的感受。

(5) 团体活动结束时，可要求团体成员把整个活动中的感受以总结的形式展现出来，以加深对问题的认识及情感的体验，促使其行为态度的转变。

3. 心理教育讲座辅导策略

心理教育讲座由资深心理辅导专家主持，涉及的内容主要是分析自卑的表现及原因，并提供应对自卑的实用心理调适技巧与行为训练方法。

4. 心理健康教育课程

心理健康教育课程的设计更多地综合了课堂教学的经验，加强师生互动，以提高学生的认识为主，讲述耐人寻味的小故事，引发流浪儿童的思考。

(二) 情感方面的心理救助

1. 个别辅导策略

(1) 运用同感、接纳、真诚等技术与求助者建立良好的咨访关系。在建立咨访关系的过程中，要注意观察求助者的情绪及非言语线索。如果求助者的感情比较冷漠，咨询师要显示出主动热情，要营造温暖安全的谈话氛围，鼓励求助者表达自己的情感，并评估求助者的情绪状态。

(2) 运用"完形疗法"。当求助者处于困境时，他会通过扮演脆弱无助、愚蠢或低能等角色来改变环境，咨询师可以提供情境并鼓励他们充分体验，使他们能够接触到自己的挫折感。感情冷漠是流浪儿童在长期的生活经历中形成的自我保护手段，许多情感在经历中都被压抑或者以转化的形式存在。利用"空椅技术"可以达到情感宣泄的目的，具体做法如下：

首先，让求助者讲述对其目前心理情绪状况有重大影响的生活事件，在讲述的过程中，尽量详细到关键人物的表情、手势、语调等。接着，让求助者坐在一张椅子上，而面前的另外一张椅子则相当于他生活中的重要他人。

来访者因为种种的原因，不能把情绪发泄出来，郁积在内心，此时可以想象对着坐在椅子上的重要他人诉说、指责甚至漫骂，从而使内心获得平静。在空椅技术的运用中，要注意营造一种诱导来访者投入对话的情境，提醒他要设身处地地站在另外一个角度或者别人的角度去思考问题。而求助者扮演“他人”的角色时，往往会用第三人称的口吻讲话，此时咨询师可要求他要用第一人称说话，并且要尽量模仿“他人”的声音和动作。只有这样，求助者的体验才能够深入，领悟也就比较深刻。

（3）增加求助者的觉察能力，并鼓励其在日常交往中主动表达自己的情感，促进求助者情感宣泄方式的多样化，包括写信、画画、写日记、玩沙盘游戏等。

2. 团体辅导策略

针对流浪儿童的情绪状况建立同质性小组，营造安全温馨的团体气氛，要求参与者在团体活动中脱下在现实生活中的面具，增加其参与的开放性与真实度。

（1）设计相关的情感训练主题。常见的活动有“听故事、说情绪”、“你演我猜”、“我的地盘”等。针对情感脆弱、冷漠及自我封闭的流浪儿童尤其要注意增加彼此间的身体接触，设计一些团体性游戏，使其体会到团体工作的快乐。在团体活动进行时，鼓励团体成员之间相互帮助，在分享阶段，注意引导团体成员体会其身体感觉，并表达出来。

（2）增强团体成员的自我觉察能力，进行必要的自我觉察训练。具体做法：请成员回忆最近发生的最令自己愤怒的事情，试着把情绪引发出来，让成员描述愤怒时的表情、动作、生理感觉，如心跳加快、呼吸急促等，并表达愤怒时的内心感受，写下愤怒时的行为反应，如骂人、摔东西、咬紧牙关等，写下自己做出愤怒反应后自己和对方的感受。

（3）在团体活动结束后，可要求团体成员在日常生活中运用学到的技能训练自己合理表达情绪的能力。

3. 讲座辅导策略

讲座辅导需要注意针对流浪儿童的特殊情感状态进行设计，讲述内容可以多样化，但主要以体验自己的情绪为主，使他们认识到青春期性心理的变化，并提供一些在日常生活中合理表达情绪的技巧。

4. 心理健康教育课程辅导策略

识别情绪的意义与内涵，讲述合理表达情绪所需要的技巧，增加自己对情绪的觉察能力及调节能力。

（三）意志行为方面的心理救助

1. 个案辅导策略

（1）鉴于求助者的一些行为表现在现实生活中经常受到这样那样的责备、蔑视或厌恶，咨询师与求助者建立关系时一定要以接纳的态度，同时，引导求助者关注行为本身的改变，而不是自我贬低；要让来访者明白这些缺点不是绝对不能改变的，增强其改变的信心。

（2）目标激励法。让求助者在心里确定自己希望改变的行为；让求助者确确实实地决定，他将付出多少努力与代价去换取所追求的目标；让求助者规定一个固定日期，一定要在这日期之前把要求的事情做成；让求助者拟订一个要实现改变行为的可行性计划，并马上进行；指导求助者不妨每天两次，大声朗读计划内容，一次是晚上睡觉之前，另一次是早上起床之后——在朗读的时候，必须看到、感觉到和深信已经改变的这些行为。

（3）利用行为矫正方法对其行为失控进行治疗。负性强化矫正法是行为矫正中的一个重要方法，即当求助者做出不良行为的时候，厌恶刺激便随之而来，相反，当求助者做出良好行为的时候，便可避免厌恶刺激。那么，以后在同样的情境下，良好行为出现率就会提高。应用负性强化法矫正行为时应遵行以下原则：确立目标行为；选择恰当的厌恶刺激；选定警告刺激；尽量减少不良行为产生的诱因。对于爱说谎又不爱劳动的求助者就可利用这种方法进行矫正。当然也可以利用正性强化矫正的方法，当求助者的行为向良性方向发展时，专业人员应该及时给予鼓励与表扬，并且引导求助者由外部强化向自我强化转变。

2. 团体辅导策略

（1）建立同质性的流浪儿童团体，领导者通过一定的技巧指导团队营造温暖的氛围，使行为意志出现问题的流浪儿童能够自然地参与进来，尽量消除行为身份上的歧视。

（2）运用团队的力量改善团队成员行为意志方面的问题。例如，设计一些心理情景剧，通过角色扮演的形式来提高儿童的换位思考能力，减少其攻击行为。具体做法：首先设置某种攻击的情境，让攻击者亲身体验被攻击后的恐惧、痛苦、厌恶和愤怒等心理感受。当攻击者真切体验到被攻击的痛苦滋味，认识到攻击是伤害他人且是错误的解决问题方式，形成贬低攻击行为的价值观。当他再对别人施以攻击时，亲自体验过被攻击的痛苦等心理反应就会重现，这时他就会自觉地抑制自己的攻击行为。同时也可以举行一些辩论比赛，如针对网瘾进行辩论，通过正反方的激烈争论，提高团队成员对网络的认识，减少网络成瘾的倾向。

（3）利用团队成员的关系形成一定的监督体系。例如，利用“结死党”的形式组成小组监督，两个关系要好的朋友结为死党，死党的一个重要品质就是：同生共死。当其中一个成员出现行为问题时，另一个成员有义务去提醒或者制止，如果提醒或制止不成功，团队有权利对两者进行一定的惩罚。

（4）在团体活动进行期间，注意观察团体成员的行为特点，及时对成员改善的行为进行鼓励反馈，对于破坏团体活动的成员，利用团队的力量进行惩罚，必要时进行个案处理。

（5）每个团队成员在活动结束时写下参与活动的收获，并对实际生活中行为的改变进行自我奖励。

3. 心理教育讲座辅导策略

根据流浪儿童行为意志的特点，讲座要传达出行为问题改善的可能性，增强他们改变的信心。由于行为意志问题矫正的可操作性强，主持讲座的专家可以提供改变行为的具体方法，以帮助他们在日常生活中进行必要的行为控制。

4. 心理健康教育课程辅导策略

在心理健康教育课程上要使流浪儿童明白撒谎、暴力、网络成瘾等行为的危害性，并且教授他们一些基本的行为控制技巧。

二、针对成年流浪乞讨人员的心理救助

成年流浪乞讨者的心理特点主要有以下几点：①认知方面：防御心强、自我价值感低下、对行乞行为认同度高、外归因。②情感方面：悲观、愤怒、失望、无奈、丧失羞耻感。③行为方面：懒散、盲目从众、说谎欺骗、消极应对。针对成年流浪乞讨人员的心理辅导主要包括：

（一）认知方面的心理救助

1. 个案辅导策略

（1）相对于青少年来讲，成年流浪乞讨人员的防御心理比较突出，咨询

师要暂时放下参照标准，将自己摆在当事人的位置和处境中尝试感受他的喜怒哀乐，经历他所面对的压力，并了解他的决定和行为的原因。在正式开始话题之后，要神情专注，对对方说话的内容不带价值评判地用“嗯”、“哦”、“请接着说”之类的短句进行鼓励，并且在适当的时候进行情感的表达与反映。

（2）运用“理性情绪疗法”鼓励求助者去发掘导致行为的一些非理性观念，如常常把自己行为及结果的原因归为外界，之后激励求助者去验证其不合理信念，并说明其思维中不合逻辑的地方，使用荒谬和幽默来面质求助者的非理性思考，运用逻辑分析减少其非理性信念；向对方说明这些信念的功能如何不当，以及它们如何导致情绪和行为困扰，解释如何以具有证据基础的理性和观念去取代非理性观念；教导求助者如何以科学方法思考，使他们可以观察并减少现在或未来的非理性观念及不做不合逻辑的推理，因为正是此两者助长了自我价值感低下。

（3）运用“现实疗法”去协助求助者探索生活中的各个层面，并了解希望从别人与自己那里得到些什么，例如，可以问：“假如你已拥有你所想要的，那会是什么?”“你似乎不能从生活中获得的东西是什么?”求助者探索其内心世界之后，咨询师就会要求他正视自己目前的行为，检讨现在所做的一切是否能使他得到自己想要的，之后让求助者觉察目前正在做的事情，以及与将来想要达到的目的是否吻合。还可以问：“你目前的行为，对于你现在想要的东西有实现的可能吗？这些做法能引导你往想去的方向吗?”咨询师借助询问求助者的欲望、知觉到的现在的情形及其与将来行为的吻合度，鼓励求助者作出价值判断，即现在的乞讨行为对于未来目标的实现有无帮助。一旦作出判断后，就让求助者对将来进行规划与作出相应的承诺。

2. 心理教育讲座辅导策略

主讲人根据成年流浪乞讨人员的认知特征组织讲座内容，切忌空洞的说教，首先要共情，站在他们的角度去看问题，让他们有被理解、被尊重的感觉，同时也要指出流浪乞讨行为对其生活发展的不利影响，切切实实地从他们的利益出发，增加干预的接纳度。

（二）情感方面的心理救助

1. 个案辅导策略

（1）对于成年流浪乞讨人员，咨询师在面谈时对求助者现在的情形表示理解并对其进行安慰，以建立良好的咨询关系。针对来访者表现出的抑郁或悲伤的情绪，咨询师可以向自己提出以下问题："与大多数处于相同境况的人的情感相比，他的悲伤是不常见或特别的吗?""这种悲伤是否影响到了求助者的人际关系或正常的娱乐休闲呢?""求助者的悲伤有没有合理的解释呢?"通过搜集资料对这一系列问题进行回答，以作出对情感严重程度的评估。

（2）指导求助者进行情感宣泄，可以运用"空椅技术"；对于不善言谈的求助者可以指导他画画或者以写信的方式达到情绪宣泄的目的。对于一些感到愤怒的求助者，由于其内心的冲突比较大，在建立良好关系的基础上，让其做一些力所能及的活动，如做俯卧撑、打沙包等。对于老年流浪乞讨人员，需耐心听取他的表达，并鼓励其宣泄自己的感情，找出他生命中最重要的人，以此作为鼓励，提高其自尊水平，寻找内在与外在的支持资源。

（3）对于那些丧失信心、得过且过的求助者，工作人员要竭力去发现其以往生活中的成功事件，增加其控制感与力量感，并对其积极上进的想法给予真诚的鼓励，相信他可以改变目前的状况，认真观察他日常生活中行为态度的变化，对于每一个小小的进步都给予真诚的鼓励。在不断的积极强化下，他的行为态度会逐步发生变化，成为一个有力量的人。

（4）适当教求助者做一些放松技术，如身心松弛技术、呼吸调节技术等。身心松弛术的具体做法如下：

●找一个安静的房间，光线柔和些更好，关上门、躺在床上，双眼微闭。

●做深呼吸，呼吸时要慢慢地吸气后再慢慢地呼出，保持呼吸节奏的自然状态。注意力全部集中在呼吸上。

●注意力集中在脸部，当觉察出脸上或眼睛周围有紧绷的感觉时，再把这种现象想象成一个绳结，这个绳结正在被松开。这时，脸部肌肉也随之松弛，就像一根拉紧的皮筋正在松回去一样。

●当脸部和眼睛周围的肌肉放松以后，再仔细体会这种松弛感，并把这种感觉向身体其他部位传播，按上面的技术方法达到放松的要求。

●用上述松弛技术使身体各部位都放松，其顺序可以按从上到下，即由牙关起，经过颈部、肩部、上臂、下臂、手掌、胸部、腹部、大腿、小腿、脚跟至脚部。

●身体各部位放松后，让这种舒适感保持下来，维持3~5分钟准备收式复原。

●收式开始前，把注意力集中在房间里，眼睛慢慢睁开，松弛结束。这种技术的关键在于放松的意念。当体会到这种感觉时，身心松弛技术的神奇作用也就发生了。

2. 心理教育讲座辅导策略

成年流浪乞讨人员由于其心理成熟度高，考虑问题的方式比较多样，情感比较丰富，主讲人要理解他们的情绪体验，尽力唤醒他们积极的情感体验，并对典型的情绪提出调节的有效方法，充分利用情感的力量，从积极的方面出发，不断地激励他们成为一个能够实现自我价值的人。

（三）行为方面的心理救助

1. 个案辅导策略

（1）在建立良好关系的基础上，对于其行为模式真实地表达自己的情感，从求助者的角度与其一起探讨行为的影响与后果，使其认识到改变的必要性。并且从救助者以前的生活中找出做得很成功的事情，使其重新体验当时的情感，增强求助者改变的信心。

（2）利用一些行为矫正的技术使其不良的行为发生改变。运用正性强化矫正的方法，如鼓励求助者一步一步地设定目标，每完成一步要对其表扬鼓励，直到求助者能够自我强化为止。也可以运用负强化矫正法甚至是惩罚的手段进行，但要注意求助者情感的处理。对于求助者根深蒂固的不合理认知，可以根据前面讲述的“理性情绪疗法”进行矫正，促使求助者行为的改变。

2. 心理教育讲座辅导策略

由于成年流浪乞讨人员的行为是在长期的生活过程中逐步养成的，主讲人要引导他们从认识上发生根本性改变，以此达到改变行为的目的。对于改变行为的一些步骤，主讲人可以提供一些具体的做法。

第三节　针对不同地区流浪乞讨人员的心理救助

流浪乞讨人员来自全国各地，由于不同地区的经济文化及历史具有不同的特点，流浪乞讨人员表现出的心理行为特征就具有一定的区域性，本节就针对不同地区流浪乞讨人员，简要地介绍心理救助的具体方法。

一、与流浪乞讨人员建立良好的关系

一般情况下从比较安全的话题开始交谈，了解流浪乞讨人员当地的民风民情可以是交谈的切入点。当流浪乞讨者以开放的心态参与谈话时，他的自我防御自然就会降低，专业人员就比较容易把握求助者的心理状况。

二、不同地区流浪乞讨人员具体的心理救助策略

（一）针对来自东北地区及北部沿海地区流浪乞讨人员的心理救助策略

该地区流浪乞讨者性格粗犷豪爽，自尊心比较强，出来流浪乞讨总是有难言之隐，因此要首先对其流浪乞讨行为表示理解，对他们主要依靠拾荒而不是沿街乞讨的行为表示赞赏；同时了解他们出来乞讨的原因，帮助他们回忆生活中最快乐的时光及自己最在意的人或事，增强其积极的情绪体验，充分抓住其自尊心比较强的特点，鼓励他们做一些能够实现自我价值的事情。

（二）针对来自黄河中游地区流浪乞讨人员的心理救助策略

该地区以河南人为代表，由于受某些地区不良民风影响，很多老人无法得到正常的赡养，首先要对他们出来流浪乞讨表示理解与同情，充分调动其积极性，与家中儿女取得联系，并鼓励他们必要时使用法律手段维护自己的权利。对于懒惰并且以谋利为目的的乞讨人员，采用“理性情绪疗法”对其不合理的信念进行辩驳，帮助他们建立新的认知系统，使其态度发生改变，同时在救助站积极鼓励他们做一些力所能及的事情；对其小小的进步都要给予一定的奖励，因为爱面子也是内心自卑的一种表现，为了增强他们内在的力量，一定要在公众场合赞扬他们，以增强其自力更生的信心。

（三）针对来自长江中下游地区及西南地区流浪乞讨人员的心理救助策略

来自该区域的流浪乞讨人员主要以贵州人为代表，特点是带着孩子的妇女，利用别人的同情心换取自己的利益，欺骗性极大，并且对救助站工作人员的态度极其蛮横。对于这样的求助者，一方面，救助站工作人员的态度一定要坚定，气势上最好胜过她们，对于她们的无理要求，采用不理睬的态度；

另一方面，救助站工作人员要和与她同住一室的人搞好关系，利用团体的压力使其对工作人员的态度发生转变。对于确实因贫困而外出乞讨的人员，本着同情与关怀的态度对待，要特别关心其小孩的生存状况，慢慢接近她们的内心世界，让她们认识到出来乞讨对孩子成长的不利影响，特别是对其心理成长的不利影响，用科学研究的结果使其了解长期流浪的儿童有着低自尊、退缩等心理行为特征，这对孩子以后的健康成长极为不利，增强其为孩子负责的态度，并且为她们的就业提供必要的信息，鼓励她们利用自己的劳动去养活自己及孩子。

（四）针对来自大西北地区的流浪乞讨人员的心理救助策略

来自该地区的流浪乞讨人员以新疆人为主，这些流浪乞讨人员的性格极其暴躁，行为冲动，因而对其心理救助的难度相当大。一方面要采用安抚的手段避免其在救助站继续引起事端，另一方面要对其行为进行矫正。首先使他们意识到解决问题的方式有很多种，增强他们对自己情绪的觉察度，鼓励他们多尝试一些转移情绪的发泄方式，如做运动、写日记、画画等。对于儿童，要发现他们身上的闪光点，如说话机灵、可爱，以提高其自尊，同时对于其不良行为进行必要的矫正，可以采用正性强化、负性强化及自我强化的手段进行，设计一些团体辅导活动也可以让他们学会人际交往的技巧及体验处理情绪的不同方式。

第四节　针对不同性别流浪乞讨人员的心理救助

不同性别的流浪乞讨者虽然具备一些基本共性，但也有其特殊的表现。他们主要的特征表现有：女性流浪乞讨者在认知上表现出爱慕虚荣、自尊较强、易轻信别人；在情感上表现出情绪低落、对家庭的渴望更强烈；在行为意志上表现出与别人沟通困难。而男性流浪乞讨者在认知上表现出爱面子、自吹自擂、改变动力弱；在情感上表现为情绪波动大；在行为意志上表现为冲动好胜而又懒惰。针对不同性别的心理行为表现，应采取不同的心理救助策略。

一、针对女性流浪乞讨人员的心理救助策略

（一）建立良好的关系

建立关系往往是救助工作的开始，女性是感情型的、被动的，这就需要救助站工作人员主动去关怀她们，可以从日常起居关心起，慢慢打开她们的内心世界。女性流浪乞讨者表现出感情低落，当她们讲述自身故事的时候，工作人员要耐心听取，并且利用一定的专业知识对其情绪状况进行评估，必要时进行心理测验，如抑郁量表（SDS）、焦虑量表（SAS）等。

（二）认知方面的心理救助

爱慕虚荣是女性流浪乞讨者的一个常见的心理特点，工作人员要对这种不合理的观念进行分析和批评教育，使其认识到这种心理的危害性，鼓励她们真实地面对自我，承担起自我成长的责任。女性流浪乞讨者在流浪的过程中或许比男性流浪乞讨者经历过更多的痛苦，由于其个性的敏感性，工作人员在救助期间对她们的尊重显得尤为重要，并且要充分利用其自尊心强的性格特点，鼓励她们在救助站做自己力所能及的事情，并对其良好的表现加以赞赏。女性流浪乞讨者缺乏分析的能力也是其轻信别人的一个原因，对于这样的女性流浪者，要向她们传达必需的社会知识与生存技巧，鼓励救助站里的女性流浪乞讨者一起分享她们在外的生存经验。

（三）情感方面的心理救助

对于情感比较脆弱的女性流浪乞讨者而言，哭泣是感情发泄的一种方式，工作人员此时不应劝说她停止哭泣，而应鼓励她把伤心与后悔等压抑的感情发泄出来，以减少其负面情绪。女性流浪乞讨者在哭泣时，工作人员要表现出理解、支持的情感状态，如给她递纸巾，拉住她的手，抱一下她，搂一下她的肩膀等，让她感受到至少还有人支持她，增加其内心的力量。对于对家庭有着强烈渴望的女性流浪乞讨人员，要尽可能地唤起她们与家庭成员的感情，让她们多讲一些家庭成员的事情，特别是子女的事情，唤起她们母性的力量，尽可能地多谈些与其家人在一起的开心时光，以增加其责任感及恢复自力更生的信心。

（四）行为方面的心理救助

组织女性流浪乞讨者在茶余饭后一起聊天也是增强其与人沟通能力的手段，一起做事可以增强她们的归宿感。工作人员在与她们沟通时首先要为其树立榜样，让其感受到人际交往需要的基本品质，学习人际交往的技巧。

二、针对男性流浪乞讨人员的心理救助

（一）建立良好的关系

首先对其流浪乞讨行为表示理解，指出人生活在这个世界上的艰难性，通过采用心理谈话的基本技巧（共情、解释、情感反应、情感表达等）来实现。在谈话的过程中，注意维护其尊严，取得他们的信任，耐心倾听他们内心的声音。

（二）认知方面的心理救助

爱面子是内心弱小的表现，男性流浪乞讨者由于其特殊的生活经历，背离了社会对他们的期望，为了消除内心的冲突，吹嘘自己是其自我保护的一种策略。工作人员要对这种心理表现出理解，并在建立良好关系之后，利用“理性情绪疗法”对这种不合理的观念进行批评教育，帮助其建立新的认知系统，鼓励其真实面对自我。在谈话的过程中，引导求助者多回忆一些曾经让他感到自豪的事情，尽可能地帮他唤起积极的情绪体验，以增强他自身的力量与信心。

（三）情感方面的心理救助

男性流浪乞讨者的情绪波动大，易冲动。例如，极其愤怒或情绪极其低落，一般情况下采取安抚的手段，等情绪稍微稳定下后再采取一定的谈话技巧使其发泄情绪。在咨询室中，可以采用“空椅技术”、画画、沙盘游戏等，在咨询室外可以寻找情绪发泄的多种渠道，如倾诉、体育运动等。人之所以冲动是因情绪的力量在左右，要使求助者明确冲动的后果，看自己是否能够承担，当冲动行为即将发生时，工作人员要提醒他冲动带来的后果。

（四）行为方面的心理救助

改变动机比较弱是男性流浪乞讨人员一个主要的心理特点，也是救助工作的难点。有相当多的流浪乞讨人员是单身、离婚、丧偶者，他们与家庭成员缺少联系，失去了继续奋斗的动力，对于这样的流浪乞讨者，工作人员要帮助他们看到生活中的希望，加强他们与其他重要他人的联系，提高他们除了乞讨之外更多的谋生能力。对于年龄较大，因为无子女或是子女不孝的流浪乞讨者，为他们提供一些法律信息，增强他们维护自己权益的信心，使他们通过合法的渠道过上正常的生活。对于好吃懒做且不以流浪乞讨为耻的求助者，可播放一些教育片或成功人士的奋斗史，从情感上感化他们。

第五节　针对危重病人和精神障碍患者的心理救助

在救助工作施行的过程中，救助对象中也包括一些特殊的群体：一类是危重病人，即病情非常严重的病人；另一类是精神障碍患者，他们由于大脑机能活动发生紊乱，导致认知、情感、行为和意志等精神活动不同程度的障碍。许多精神障碍患者有妄想、幻觉、错觉、情感障碍、哭笑无常、自言自语、行为怪异、意志减退等病征，绝大多数病人缺乏自知力，不承认自己有病，不主动寻求医生的帮助。针对危重病人和精神障碍患者，要采取与普通救助对象不同的心理救助策略。

一、针对危重病人的心理救助策略

危重病人的心理一般会经历 5 个阶段：

（一）否认期

即危重病人一旦确诊，容易产生急躁、焦虑、恐惧、紧张不安的情绪，并渴望得到最佳和最及时的抢救和治疗，特别是长期生活在恶劣的环境中，对自己的身体状况没有信心，总希望有治疗奇迹的出现以起死回生。有的病人不但否认自己病情恶化的事实，而且因为怕影响到周围的人，故意保持欢快和不在乎的态度以掩饰自己的痛苦。对于这样的病人，工作人员应当恳请周围的人不要当着病人的面表现出难过或者是议论纷纷，彼此心照不宣，可使病人得到心理上的满足，因为这是无声的支持，表明周围的人理解他的感受。

（二）愤怒期

度过否认期，病人知道自己生命岌岌可危，但又禁不住抱怨命运。他们会表现出悲愤、绝望、烦躁，拒绝治疗，如有的求助者因为年龄大，听力下降，听不清别人的讲话而变得多疑，甚至敌视周围的人，会和他们发生冲突，以此来发泄自己对疾病的反抗情绪，这是病人失助自怜的心理表现。救助工作人员要体谅、宽容病人，在病人面前说话声音要大一点，尽量避免病人的猜疑，真诚相待，安慰和鼓励病人，并说服周围人不要和病人计较，要他们也关心病人。

（三）妥协期

病人由愤怒期转入妥协期，心理状态显得平静、友善、沉默不语。这时能顺从地接受治疗，要求生理上有舒适、周到的护理，能得到医护人员更多的关心和最好的治疗，希望能尽量延长生命。工作人员应尽量地安慰、关心和体贴病人，增强病人生活的勇气与信心，使病人身心舒适。

（四）抑郁期

病人知道自己生命垂危，表现出极度伤感，并急于安排后事。大多数病人在这个时候不愿说话，但又不愿独处，希望多见些亲朋好友，得到更多人的同情和关心。工作人员要理解病人，尽量满足病人的需求，联系其亲人陪护和亲友探望，让病人同亲人一起度过所剩不多的时光，并且嘱咐其亲人要控制情感，不要再增加病人的悲痛。

（五）接受期

这是危重病人的最后阶段。病人心里十分平静，对死亡已做好了充分的心理准备，但也存在着临终前因疼痛难忍而希望速死的念头。而有些病人病情虽很严重，但意识十分清醒，表现出对人生的留恋，不愿死去。工作人员要对其表现出极大的关心与支持，并且要求周围人不可议论不利于病人心情的话，不可耳语。有的病人来不及等到亲属到来就离开了人世，工作人员应代替亲人接受并保存遗物或记录遗言。

二、针对精神障碍患者的心理救助策略

常见的精神病有精神分裂症、躁狂抑郁性精神障碍及各种器质性病变伴发的精神障碍。一般情况下，心理救助要配合住院，下面针对两种常见的精神障碍患者的心理救助策略进行介绍。

（一）针对精神分裂症的心理救助

精神分裂症的发展进程很难逆转，主要是因为这种障碍的产生与多种因素有关，如遗传和生物化学障碍、注意缺陷、人际关系障碍、医疗引起的行为以及丧失自我认同而产生的潜在作用物等，所以这种障碍的复杂性就表明真正有效的救助必须是多重模型的。但在多数情况下，治疗只是由药物处理（化学疗法）、偶然的短期会谈（或叫做激励心理疗法）以及标准的精神病院管理组成。下面就其心理救助模式进行探讨。

激励心理疗法是适用于任何一个精神分裂症患者的总治疗方案的组成部分。其方式是谈话和讨论，主要针对他们在自己的环境（住院患者、集体住宅）中，在自己的反应中，在自己的恐惧中，以及在自己的未来计划中该有怎样的行为方式，还包括鼓励他们以新的积极行为来消除恐惧或担忧。

代换券制度和环境。代换券制度是以代币为条件强化物，当代币积累到一定数目，就可以交换实际强化物，如交换患者爱吃的饼干，通过强化来调整患者的行为。经研究已经证明代换券制度对于矫正患者的许多行为都很成功，而且还成功地促进了社会技能的发展。大体上讲，代换券制度作为精神分裂症的治疗计划的一部分一直都很有效，但要注意的是由代换券制度所提供的强化系统应该逐步地接近现实世界，以帮助患者完成过渡，并恢复正常。在环境疗法中所提供的人际支持和行为激励也证明对于治疗住过院的精神分裂症患者是成功的。

（二）针对躁狂抑郁性精神障碍的心理救助

1. 心理动力学方法

对于躁狂抑郁症患者，心理动力学治疗家很少采用领悟疗法，多数人采用支持和再保证，他们力图使抑郁或躁狂患者减少焦虑，使其感到轻松和舒适。一旦患者恢复稳定的情绪，就慢慢地揭示其精神病的根源。

2. 行为疗法

它是指导患者按步骤做自我观察和自我控制，使之学会自我强化。让患者坚持记录其行为，学会由消极转向积极，并且树立现实的、可达到的目标，督促并鼓励患者安排一些愉快的事情和自我奖励，从而使积极行为得到进一步强化。行为疗法对减轻大多数精神障碍是有效和可行的。

3. 认知行为矫正

认知行为矫正法把认知疗法和行为主义疗法结合起来，形成各种治疗步骤，在最初阶段的自我评价和自我监察之后，治疗具体症状。

（1）任务分级法。治疗抑郁症，最基本的客观手段是让患者重新活跃起来。任务分级法把目标或活动分解成小目标或更小的行为定式，减少对患者的压力，其目的是使任务更简单些，以便患者能完成这些任务，从而获得成功的强化。随着治疗的进展，任务难度要逐渐加大。

（2）把不愉快的活动转到愉快的活动。因为抑郁症患者习惯消极地对待所有新的建议，所以有力的鼓励和具体的契约（多是书面的）有助于使他们参加更愉快的活动。治疗者应该向患者强调，对任何一项具体的活动，只有在他参加了一段时间以后，才能对他作出评价。

（3）改变消极观点。挑战抑郁症患者关于生活的消极观点并加以改变，一般多采用埃利斯的理性情绪疗法、贝克的认知疗法等。一段时间后，这种方法可以与自信心训练或其他方法结合使用，使患者重新经历适应的过程。

（4）诱发不相容情感。治疗者想办法诱发患者的情感反应，如幽默或恼怒。因为抑郁症患者沮丧的情绪特点与这些反应不相容，并且还会破坏相应的抑郁情感反应的连续性。

（5）改变自我语言。让患者用积极的陈述代替消极的自我语言，这对治疗抑郁症有很大的帮助。

（6）基础意象法。此方法由拉兹勒斯首先于1981年开始使用，此方法为一种系统脱敏法的变式，拉兹勒斯称之为“常规速强化时间投射法”。一般是让抑郁症患者想象他们正在做以前做过的愉快活动，接着要患者保持这种愉快的感受和对未来欢乐的想象，回到现实当中。这一方法与从不愉快到愉快的方法相似，只不过这种方法要求通过想象而不是通过大量的行为来完成。

总之，针对危重病人和精神障碍患者的心理救助要根据实际情况进行，在工作过程中一定要注意自己的态度、言行对他们造成的冲击，并且还要注意确保自身的安全。

第五章
救助工作中的非言语行为观察

行为观察是指透过对被观察者的行为表现来分析、判断其内心思想和感受的一种方法。这是一种对被观察者的非言语行为的解读。在对流浪乞讨人员进行心理辅导时，除了需要通过和他们交谈以了解其内心世界之外，还需要通过对他们行为的仔细观察来进一步增加对他们的认识和了解。

第一节　行为观察的特点与方法

一、观察的定义

观察是指人对作用于感官的刺激进行分析判断的过程。根据观察的对象的不同，可以简单地将观察分为对“物”、“事”、“人”的观察。相对而言，对“物”的观察是最单纯的，因为只要了解其外形、内部结构和可能具有的功能就行了；对“事”的观察则要复杂些，需要强调其变化的历程及影响因素。对“人”的观察就复杂多了，因为人是不断变化的，且受内外双重因素的影响，人的行为还具有修饰性，让观察者难以准确地作出判断。因此，在观察时，必须掌握其特点和方法，以及把握需注意的事项。

二、行为观察的特点

行为观察包括对人的面部表情、语音语调、肢体行为及动作的观察。行为观察的特点有二：

（一）行为观察的客观性

俗话说"眼见为实"，在行为观察中，第一手资料必须是观察者直接记录的。行为发生的频率、场所和变化过程，都应该如实地描述，不得夸大、扭曲、编造。只有保证了资料的真实性，才能作出准确的判断。

（二）行为观察的主观性

作为观察者，其内在动机、感情及价值判断是因人而异的，在观察过程中，主观因素的介入是不可避免的。对于同一种现象，不同的人会作出不同的解释。虽然主观性可能会带来客观性的相对不足，但主观性也不全是坏事，主观的介入可以增强观察者的动机，并能在短时间内将零碎的客观事实进行整合，加以推测、分析和归纳。

行为观察的过程必定是主客观融合的过程。一方面，观察者必须保证搜集到的信息是真实的，另一方面，观察者也要了解可能影响判断的主观因素，避免扭曲事实，作出错误的判断。

三、行为观察的方法

日常生活中的观察往往是由随机的刺激信息引起的，没有预设的目的。获得信息的渠道也大部分是依赖各种感觉器官，对行为结果的分析和判断大多是基于个人经验和所处的文化背景。例如，点头代表同意或赞许，微笑代表愉快或友好等。日常的行为观察简单易行，但对结果的分析比较粗略，且缺乏可验证性和推广性。相比之下，专业的观察则显得更严谨、更科学。

专业的观察，需要借助一些多媒体工具，在既定目标的引领下，对观察结果进行量化分析，得出准确的行为分析结论。荷兰 NOLDUS 公司 Observer 行为观察分析系统是研究人类行为的标准工具，可用来记录、分析被研究对象的动作、姿势、运动、位置、表情、情绪、社会交往和人际互动等各种活动，记录被研究对象各种行为发生的时刻、次数和持续的时间，然后将数据进行统计、处理，最后得到分析报告。

Observer 行为观察分析系统分为 3 种型号：Observer XT Basic、Observer XT Mobile 和 Observer XT Video。其中，Observer XT Video 行为观察分析系统采用音频、视频记录设备，将被研究对象的各种行为活动摄录下来，通过 MPEG 编码器转换成 MPEG4 视频文件，存储在计算机中。研究人员首先将被研究对象的行为进行编码，然后通过观看录像并将录像中记录的行为按编码输入计算机，从而得出按时间顺序排列的行为列表，在输入的过程中可以进行编码修改。软件通过编码识别各种行为后进行分类整理、统计分析，从而得到分析报告。

当然，在心理辅导过程中，观察者更多的是借助双眼甚至包括第六感。只要掌握好观察的原则和注意事项，同样可以发现被观察者的许多信息。用眼睛进行观察，需要注意以下几点：

（一）专注

英国侦探福尔摩斯对他的搭档华生医生说过："你看见了，但是你没有注意观察。"大多数人都不太注意周围的细节变化，对信息只是选择性地接收。但当确定观察对象和明确观察的目标时，就必须调动所有的感官，集中精力在观察对象上，以此获得足够的信息。

（二）结合环境

任何行为都是发生在一定情境中的，对当时的环境理解得越透彻，就越能理解行为的含义。一个人双手交叉抱着自己，如果在冬天的室外，你可能觉得他是因为冷，但如果他坐在你对面，正在与你交谈，并且在温暖的室内，那他可能正对你表示拒绝态度。

（三）聚焦变化

每个人都有日常行为的常态，也就是最平常的样子，这是观察的"基线"。行为的突然变化表明一个人正在对某种信息进行加工或调试，能反映出一个人的兴趣和意图。警察审问犯罪嫌疑人的时候，犯罪嫌疑人经常沉默以对，因为不想泄露犯罪线索。所以，警察会从各方面去进行试探，并捕捉犯罪嫌疑人的反应，当他们对警察提到的某个词有特殊反应，哪怕是细微的，也都说明这个词对犯罪嫌疑人有特殊的意义，而对警察来说，也就可能找到了破案的突破口。

（四）自然

观察者为了获得最客观的信息，一般情况下不能表现得太明显。最理想的境界是，你在观察别人，但别人却不曾察觉。也就是说，要尽量做到不引人注意。

第二节　面部表情的观察

面部表情是指通过眼部肌肉、颜面肌肉和口部肌肉的变化来表现各种情绪状态。人类的面部表情十分丰富，据统计，能辨认的面部表情就有上千种，可以通过它们识别人们的感情状态。受过专业训练的演员往往比普通人更让人“捉摸不透”，主要原因就是他们对控制面部表情有着更出色的能力。当然，一般人的面部肌肉变化不是那么灵活，大多数时候都能通过面部表情了解别人的思想和感觉。

一、眼睛的非语言行为

眼睛被称作心灵的窗户，它是传达身体信号的焦点。在身体语言里，眼睛传递的信息是最有价值也是最为准确的。可以说，眼睛是脸上最诚实的部位之一。

（一）瞳孔

在相同的光照强度下，随着态度和情绪从积极转向消极，瞳孔就会由扩张转向收缩，反之亦然。当人们看到某人或某物而由衷地高兴时，他们的瞳孔就会扩张，眉毛会上挑，眼睛会睁大。如果有人与你交谈，眼睛是睁大的，尤其在孩子身上比较明显，这就传递了一种积极的信号，说明他的心情是愉快的，对你是信任的，并且愿意与你交谈。反之，人们会通过眯起眼睛，遮挡光线或逃避自己不喜欢的东西，这个时候瞳孔会收缩，传递的是一种怀疑、厌恶、不满等消极的情绪。

（二）目光

与人交谈的时候，只有两人彼此目光交接，才真正形成沟通的基础。注视时间的长短会影响交谈双方的舒适度。一般来说，亚洲人不喜欢长时间的注视，因为会产生压迫感和挑衅感，在倾听对方说话的时候比交谈的时候注视对方的时间要长一些。如果一个人在东张西望，说明他对眼前的人或环境缺乏安全感。如果说话时对方目光转向了其他地方，说明他对谈话失去了兴趣。

流浪乞讨人员有时候倾诉欲望非常强烈，他们有着鲜为人知的经历，郁积了太多的消极情绪，他们渴望被倾听、被关注、被理解。工作人员在与他们交流的时候要特别注意目光的接触，一方面形成交流，另一方面也能传递温暖。倾听的时候注视对方的时间可以稍微长一点。

在普通的社交谈话中，注视者的目光90%的时间集中在两只眼睛和嘴巴构成的三角区域，这样的目光会让人觉得安心，没有侵略感。如果你想表现你的威严，就想象对方额头正中长了第三只眼睛，把目光投向“三只眼睛”组成的三角区域，这种注视会让人觉得你是严肃和可信的。

在发表演讲的时候，如果听众的人数在50人以内，尽量与每位听众进行目光交流，这样才能跟他们建立起交流关系；如果听众超过了50人，就在听众中找几个虚拟的参照物，将你的目光在这几个参照物之间转换，这样每个方向的听众都觉得被关注，从而会听得更用心。

二、嘴部的非语言行为

（一）微笑

嘴和眼睛一样，仔细观察后，也能发现很多有价值的信息。最常见的就是真笑和假笑的区分。真笑的时候，嘴角会向眼睛的方向上扬，细心观察会发现眼角的细纹。如果笑的时候嘴角被拉向耳朵方向，一般眼角不会出现细纹，只是嘴部肌肉在活动，说明这是一种假笑或者是出于礼貌式的微笑。冷笑的时候，颊肌会一起将嘴角拉向耳朵的方向，反映出一种不尊重或贬损。通过对微笑的观察，可以衡量对方对你的态度，你也可以以此来调整对话的策略。

（二）嘴唇

嘴唇的挤压通常反映了一种消极情感，有些人把嘴唇藏起来，说明他当时的压力很大，很可能遇到了什么麻烦。而嘴唇的缩拢，通常表明了一种反对态度。

三、其他面部表情

（一）眉头

眉头紧皱的人，一般是处于消极的情感中，如焦虑、悲伤、担忧或不知所措，也有可能正在专注一件事，这种行为的含义要视环境而定。眉毛轻扬，则表现出一种轻松、喜爱的情感。

（二）鼻孔张大

鼻孔张大是一个很有用的信号，说明一个人正处于情绪高涨状态，并且有做出某种行动的企图。眉毛朝下紧皱、上眼睑扬起、眼周绷紧，表示将要实施血腥暴力行为。如果你在与人沟通过程中发现对方明显有敌对情绪，要特别注意观察到这种信号，避免受到突发性的伤害。

在救助工作中，与求助者发生冲突是难免的，原因是多方面的。在处理冲突的时候，工作人员应特别注意观察各种危险信号，如对方说话的表情、语气和肢体动作，鼻孔张大就是一个危险信号，暗示对方可能具有攻击性，在敏锐地察觉到这种信号后，要及时采取措施保护自己，避免暴力事件发生。

第三节　肢体行为的观察

面部表情虽然最引人注意，但也最具欺骗性。出于各种原因，人们常常会掩饰自己的真实情感，尽量控制自己的面部表情以维持社会关系的和谐，但大多数人不会花太多心思去控制自己的肢体。和面部表情比起来，肢体行为经常受到忽视，却蕴涵了更多的真情实感。

一、手部的非语言行为

（一）手臂

手臂动作的幅度会告诉你一个人的态度和情感。人们在真正高兴的时候，手臂动作是自然而不受束缚的。例如，小孩子高兴时会“手舞足蹈”，在看到球队进球的时候，人们会立刻举起手欢呼。当遇到消极情感的时候，人们会限制手臂的动作。这也是一种生存战略。例如，两个正在争执的人都会做出收回手臂的动作，这是一种自我保护的行为，因为伸出手臂可能就会被理解为攻击，那很可能会导致冲突和身体伤害。

有研究发现，受到虐待的孩子大多会限制手臂的动作，因为他们会本能地意识到，动作越多，就越容易引起注意，也就越容易受到虐待，所以他们会尽量控制自己的手臂动作，不引起别人的注意。保护与教育流浪儿童的工作人员应该特别注意这一点，如果孩子在自己父母或监护人面前表现出严重的手臂限制、肢体僵硬，应该提高警惕，并作进一步观察。

（二）手

手是人们使用最频繁的肢体，以手观人，通过观察手可以判断一个人所从事的职业。从事体力劳动人的手会比较粗糙、僵硬。如果一个人的手是白皙、细腻的，至少能说明他的手是受到照顾的，并且不太可能从事过于繁重的劳动。

双手的动作有时候能反映一个人的自信程度。例如尖塔式手势，双手手指张开，然后做出与“合掌式”相似的动作，但是十指并不交叉，手掌也可能互不接触，双手的形状就像是教堂的尖塔。这种手势说明一个人十分自信。手指交叉紧扣，是人们在遇到重大事件或变化时，处于压力或低度自信的表现。

（三）手语

手语是无声的语言，是人们使用手的指式、动作、位置和朝向，配合面部表情，按照一定的语法规则来表达特定意思的交际工具。当人们语言不通，或者对方是聋哑人的时候，手语就成了最好的沟通工具。掌握一些普遍使用的手语是非常有必要的。

二、腿脚的非语言行为

在人类的进化过程当中，双腿的作用就是“趋利避害”，即走向自己想要得到或喜欢的事物，远离危险或讨厌的事物。腿脚动作通常都是下意识的，它们可以反映出人们真实的态度和情感，这是身体语言中非常重要的一种。

（一）步态

走路的姿势可以反映一个人的个性和精神状态。年轻人充满活力，步伐是轻快的，速度明显快于老年人，双臂摆动的幅度也更大。当一个快乐的人突然听到噩耗，他的步伐肯定会变得很沉重，举步维艰。因此，观察步态的变化，就可以推测这其中的原因。

（二）腿脚转向

如果你仔细观察就会发现，在一个无聊的会议中，肯定有人将双脚转向最近的出口处，从上半身来看，他们是十分“认真”的，但内心早就为双脚想好了“逃走路线”。如果与你交谈的人渐渐将双脚从你这一侧移开，这时候你该意识到要调整一下对话了，或者可以礼貌地询问，对方是否有事要离开。这能维持一个良好的交谈气氛，并保证谈话效率。

（三）站姿

叉开双腿的站姿会被认为是一种“捍卫领地”的行为。执法人员和军人比较喜欢用这种姿势，这能凸显他们的统治地位。

救助工作中，工作人员有时候会遇到一些不遵守管理规定、胡搅蛮缠之徒，如果工作人员想树立威信，叉开双腿的站姿是对自己最有利的，尤其是对于女性工作人员，因为并拢的双腿会给人一种顺从的感觉。

三、躯干的非语言行为

躯干包括臀部、腹部、胸部和肩部，以及承载的各种内脏器官，它和腿脚一样，很多动作能反映出人们的情绪。

（一）身体倾斜

人体躯干显示的信息反应了边缘大脑对距离和避让的需求。人们会转离令自己讨厌或不感兴趣的事物，同时会转向自己喜欢和感兴趣的事物。在与人交谈的过程中，如果一个人的身体正慢慢地往远离你的方向倾斜，说明他对你的话不感兴趣或是持反对意见。这种变化是细微的，却是很好的情感风向标。同理，在与人谈话的时候，自己的身体稍微向前倾，表示你对对方的尊重和关注，能更有利于沟通。

（二）身体伸展

身体伸展本来是一种放松舒服的表现，但在讨论严肃话题的时候，这样的姿势就别有含义了，它代表了对说话人的不尊重。流浪未成年人中有一些正处于青春叛逆期，经常对大人表现出不满和不尊重。在与长辈或是工作人员对话的时候，他们可能会四肢伸展坐在椅子上以示反抗。如果遇到这种情况，应该首先让孩子坐直，这样会起到中和作用。如果口头的要求无效，就走到他身边，侵入他的“领地”，他会立刻坐直。

第四节 “说谎”行为的观察与识别

当说话人所提供的信息与其记忆中的情况不相符时，则可说明他正在“说谎”。从政坛精英到市井小民，从商海巨贾到特工人员，几乎每个人都说过谎。不能否认，谎言可以是善意的，它有时候会给人以安慰，解除尴尬局面，润滑人际关系等，这种谎言往往能被人们所接受。例如，对身患绝症的病人，在其生命的最后阶段，隐瞒真实病情，是为了减轻病人的心理负担。但更多时候，谎言是不道德的，它意味着欺骗、背叛和伤害。例如，不法分子隐瞒犯罪真相，这是人们所不能容忍的。社会救助是一种公益行为，尽管对救助对象有严格规定，但也避免不了一些人用尽各种手段骗取社会公共资源。作为救助工作者，应该像警察一样拥有一双能识破谎言的“慧眼”，防范不轨之徒，捍卫社会的同情心，把资源留给真正需要帮助的人们。另外，“说谎”有时候可能也意味着说话人有难言之隐，察言观色，善解人意，也便于更好地帮助他们。

一、“识谎”的原理和方法

人在说谎时的心理变化必然会引起相应的生理变化。说过谎的人也会体验到自己说谎时的感受：心跳加速，血涌向脸部，不可抑制的吞咽，声音发颤，呼吸加速……测谎就是通过采集这些生理参数的变化来判断被测人说话的真实性。因此，测谎并不是测试谎言本身，而是探测人说谎时心理反应所引起的生理参数的相应变化。

印度人早在两千年前就已发明了“米粒测谎法”。测试者会给被怀疑的对象一粒米，让他放在嘴里咀嚼。如果他能在回答问题后将米粒吐出来，就表明说的是真话；如果吐不出，自然就是在说假话。这个方法利用的就是人在紧张时，喉咙会发干的原理。

20 世纪初，哈佛大学心理学家威廉·莫顿·摩尔斯顿发明了“心脏收缩血压测试机”，可以算作是世界上第一台真正意义上的测谎仪。测读仪通过测量人们的心率、呼吸和血压来判断一个人是否说了谎。但是研究表明，导致紧张状态的因素有很多，不一定就是说了谎，所以测谎仪已经不能作为判断一个人是否说谎的绝对证据了。

对身体语言的自然观察有时候比仪器测量带给你的信息更多。观察者可以通过观察对方是否表现出舒适的感觉来推断对方是不是在说谎。人们在不舒适的时候，往往会有很多身体动作或是身体变化，如转动眼球、声音变调、坐立不安、口干，或是轻视的目光。而当人们在感到舒适的时候，神态是自然的，肌肉是放松的。因此，注意观察一些人们不舒适的标志，可表明说话人在讨论自己不喜欢或是不愿意讨论的事情，而且这些反应都是自发的、无须思考的。当然，出现不舒适标志的，不一定是在说谎，很可能是常规性的紧张或是压力状态下的表现。所以，要注意在环境中解释行为的原因。

另一个需要注意的是同步性。当一个人回答问题的时候，口述的内容应该配以相应的动作。例如，当一个人一边回答“没有”，一边点头，这就出现了不同步行为，值得怀疑。再如，当一位职业乞丐回答“我是江西人”的时候，其实他明显带了河南口音，这也是不同步的现象。同步性还表现在说话的时机和内容的一致性。例如，一个人把钱包和随身证件都丢了，理应表现出惊慌失措、心急如焚的情绪，人们能感受到他失落的心情，但是，如果此人心平气和，没有露出丝毫抱怨，还与工作人员谈笑自如，这肯定是值得怀疑的。因为说谎的人不会过多考虑同步性，大多数情况下他们会被非语言行为出卖。

二、常见的识谎技巧

最容易控制的东西，也是最容易传递虚假信息的，如口头语言。但是，潜意识是自觉而独立的，一旦无法和嘴上所说的保持一致，身体语言就会泄密。人的表情、动作、声音和说话方式都是不容易控制的，会透露人们真实的心理状态，只要仔细观察，就能看出端倪。下面是一些经过专家研究和经验证明的常见识谎技巧，可以作为参考。需要注意的是，任何非语言行为都不是独立的，它可能是一系列动作的组成，而且导致这一动作的原因很多，不一定就是因为撒谎。因此，在判断的时候要结合环境来进行分析。

（一）表情

抿嘴表示对自己的话没有信心。

明知故问的时候眉毛会微微上扬。

如果对方对你的质问显露出不屑，说明你的问题触到了对方的痛处。

“说谎的人不敢看对方的眼睛”，人人都知道这句忠告。因此，高明的说谎者会加倍专注地盯着你的眼睛，并且瞳孔扩张，因为他需要观察，你是否相信他的谎言。由于注意力太集中，他们的眼球开始变得干涩，这会让他们频繁地眨眼。

有一位多次跑站的年轻女性流浪者，在与工作人员交谈的时候总是夸夸其谈，说自己学识渊博，精通英语，阅历丰富。为了证实自己的话，她还会时不时冒出一些简单的英语单词。但有一个动作泄露了她的“底细”，就是她在说话的时候不停地眨眼，让人对她的话产生了怀疑。后来，工作人员与她深入交谈并巧妙地试探，才发现她对所谈及的东西只是道听途说，略懂皮毛。

眼球的运动方向也会反映人们的心理状态。通常，当一个人编造谎言时，眼球会向右上方转动。当他们真的在回忆某事时，眼球则会向左上方转动。这种“眼动”是一种反射动作，除非经过严格训练，否则是假装不来的。

任何一种表情持续时间太长都是不正常的。不管是微笑、皱眉还是惊讶。通常有人被发现在说谎或是做坏事时，总会装出一副好像永远都不会消失的笑脸。当然，他们假笑时眼角是没有皱纹的。

表情、言辞和肢体动作出现的相对顺序也能提供识谎的线索。假设有人在生气时说了一句“我真是被你烦死了”，生气的表情若是在话讲过后才出现，大可断定表情是装出来的。但若在讲话的同时，或者话还没讲之前，表情已经出现了，真假就较不容易断定。面部表情与肢体动作之间的相对顺序，回旋的余地则更小了，再假设那个被烦得要死的人在生气，并重重捶打桌子，如果生气的表情是在捶打桌子之后才出现，同样可以断定生气是装出来的。

（二）动作

下意识地用手遮住嘴巴，表示说话人试图掩饰自己说出的谎话。例如，假装咳嗽或是用紧握的拳头遮住嘴，都是一种有所隐瞒的表现。用手在鼻子的下沿很快摩擦几下，或是略微轻触，几乎令人难以察觉，也是说谎的时候经常出现的手势。研究表明，人们在撒谎的时候，鼻子的血压会增强，进而引发鼻腔的神经末梢传送出刺痒的感觉，所以人们会做出摩擦鼻子的动作。

摩挲双手是一种自我安慰的姿态。当说话人对自己所说的话感到心虚时，摩挲双手可以让自己安心。单边耸肩表示对自己所说的话不自信。

人在说谎时越是想掩饰，就会有越多的小动作暴露出来，如不停地摆弄手指，摩挲双手，转动手上的戒指，或者下意识地抚摸身体的某个部位。

双手抱胸同时后退是一种下意识的退缩，表明说谎者感到心虚。

手指向一边，眼睛却看向另外一边。

当一个人绞尽脑汁捏造事实的时候，肢体却完全跟不上。

人们在撒谎时会下意识地弓起身子。

人们说到赞成某事时伴有摇头动作，表示他心里其实不这么想。

揉眼睛往往是不情愿的意思，即使一个天生的盲人，在被要求做他不想做的事情时也会下意识地揉眼睛。

虚情假意不会眨眼。

与对方交谈时将物品放在胸前，在彼此之间竖起了一道屏障，是焦虑的表现。

（三）声音和说话方式

人在说谎时，很难把谎言倒叙出来。他们会预先按顺序编好谎言，但从不会倒着顺一遍。

词语重复、声调升高都可能是说谎的表现。

“你去过她家吗?”“不，我没有去过她家。”对问题的生硬重复是典型的说谎。

语速快表示当事人很焦虑。

说话时语速加快意味着说话人的感情加重了。

回答与提问之间的时间差被称为反应潜伏期，反应潜伏期越长，说明回答者对真相有所隐瞒。

人要想记住一个时间段内的所有细节是很困难的。通常，人们在回忆某个时间段的各种细节时会反复纠正自己，把思绪理顺，在这个过程中，他们难免会复述得磕磕巴巴。在谎言突然说出时，很多人认为撒谎要花更多时间来反应，但如果谎言已提前准备好，就会迫不及待说出来。这一点在职业乞讨者身上体现得尤为突出。很多职业乞讨者在诉说自己的家庭情况和乞讨原因的时候都是不假思索的，如记流水账一般，可见面对工作人员的询问，他们是“有备而来”的。

第六章
心理辅导与救助艺术

本章主要讲述在与受助人员的沟通交流中可以使用的一些技巧，包括最初接待受助人员时获得对方信任的技巧、收集其各方面资料的技巧、对其进行心理分析的技巧以及协助其改变的技巧。熟练使用这些沟通技巧，可以促使救助工作更顺利地开展。

需要说明的是，本章以心理咨询的相关理论和技术为基础，笔者认为从心理救助出发，救助站工作人员在与受助人员的交流中，分别扮演的是咨询者和求助者的角色，所以在措辞上使用了“咨询者”和“求助者”，以及“咨访关系”等字样。

第一节　获得信任的艺术

许多工作人员反映，在与受助人员的沟通交流中，难以获得对方的信任，许多受助人员有欺骗、隐瞒等行为，这给救助工作带来许多困难。

沟通是双向的，在帮助受助人员的过程中，如果能与他们建立起相互信任、相互配合的关系，那么救助工作的开展将更加顺利。来访者中心疗法的创始人罗杰斯说过：“当一个为许多困难苦恼着的人来找我时，最有价值的办法是建立一个使他感到安全、自由的关系，目的在于理解他内在的感情，接受他本来的面目，创造一个自由的气氛，使他的思想、感情和存在沿着他要去的方向发展……"

受助人员或者被骗被抢，或者生活艰难，或者被抛弃拐卖，他们或多或少都存在各种心理压力和情绪问题。初次与救助站工作人员见面时，他们对于暴露自己的心理和隐私会感到疑虑和担忧，对于被迫来到救助站的受助人员，防御心理则更加明显，这就阻碍了工作人员对他们的救助和管理。所以，工作人员应当首先与其建立相互信任的关系，逐步消除其内心的疑虑与担忧。

当受助人员刚到救助站时，工作人员应当热情而自然地对他们表示欢迎，请他们入座，营造轻松和谐的会谈氛围，并向他们介绍救助管理的相关法律法规以及他们的权利和义务，告诉他们救助站的工作性质，工作人员会尽力帮助他们解决困难，希望他们可以配合救助站的工作。

热情自然的态度和详尽的说明，有助于消除初次见面的陌生感，使受助人员紧张的情绪得以松弛，促进救助工作顺利开展和进行。

下面介绍几个有助于获得受助人员信任，建立双方良好关系的技术。

一、共情

共情，也叫同感，指不受自己已有观点和价值观的影响，进入他人的内心世界，设身处地地分享或体会他人的真实感受以及这些感受的真实意义。

共情与同情是不同的，同情只是对对方的物质上的帮助或感情上的抚慰，而共情则是进入对方的精神领域，理解其精神世界，而不管这期间是否对对方有物质上的帮助或感情上的抚慰。

共情反应要求工作人员能把握求助者的体验与他的经历和人格的联系，理解其问题的实质和真实的情绪情感，并能将这种感受准确地传达给求助者，使求助者感受到自己正以某种方式被理解和接受。共情反应应包含以下几个方面：①从求助者内心的参照体系出发，设身处地地体验求助者的内心世界；②用言语准确地表达对求助者的理解；③引导求助者对其感受作进一步的思考。

Egan 把共情分为两个水平：初级共情和高级共情。初级共情指的是能倾听求助者的言语，基本体会其内心感受，并给予简单的反馈，如"我知道被儿女抛弃的痛苦"。高级共情指能深入理解求助者问题的实质和矛盾情感，并能将这种理解和感受准确传达给求助者。例如："我知道抚养儿女成人的辛苦，也能理解子女不念亲恩，不赡养自己的悲伤和痛苦，你一定感到十分的无助，感到不知何去何从。”

［案例 6－1］对一名卖艺型职业乞讨者的共情反应

访：我不是因为没有钱才出来的。

咨：嗯，你有别的原因，能告诉我那是什么吗？

访：退休后我感到难以适应，感觉日子十分空虚。

咨：退休后一下子闲下来了，空余时间太多，但可做的事情不多，你感到自己没用了，所以想找一些事情做？

访：是的，出来以后我过得挺开心的。

咨：嗯，出门卖艺让你感到自己还是可以劳动的，是有价值的。

共情反应对于关系的建立是十分重要的，良好的共情可以让求助者感到被接纳和被理解，促进自我探讨，有助于加深他们对感受和经验的自觉认识。

需要注意的是，在体验求助者情绪感受的同时，工作人员要防止自身被情绪感染和认知同化了，另外，共情的程度应与求助者的问题程度和感受程度成正比，如果反应过度，可能使对方感到小题大做、画蛇添足；如果反应不足，则会使求助者觉得不被理解。当然，共情的方式也要符合本土文化的习惯。

二、积极关注

如果想帮助求助者，首先要相信他具有某些积极因素，他是可以改变的，这是积极关注的出发点。积极关注是指用积极的态度看待求助者，注意强调他的长处，相信他具有发展的潜力，有选择地突出求助者言语及行为中的积极方面，鼓励其利用自身的积极因素。

在积极关注技术的使用过程中，需要注意以下几点：

（1）积极关注要切合求助者的实际情况，不应回避实际问题。应当在了解求助者真实情况的基础上实事求是地表明自己的态度，如：“我明白你此时的心情，那样的经历确实会让人感到痛苦和烦恼，但从另一个角度来看，这些经历对你的成长和发展是有一定帮助的。你可能忽视了自己身上许多东西……”这种传达信息的方式以求助者的实际问题为基础，并引导其以新的视角去看待和分析自身的问题。

(2) 不应该过分乐观，乱许承诺，如："你这只是小问题，你有许多优点，一切都会过去的，都会好起来的。"这种话语太过空泛，没有对求助者的问题进行具体的分析指导，只会让求助者觉得那是毫无帮助的空洞安慰。认为积极关注就是给求助者一个保证和承诺的认识是错误的。

(3) 应尽量避免刺激和强化求助者的消极认识，不应被求助者的不良情绪所感染，如"你这样下去可不行，只会感到越来越沮丧"，这种言语无形中强化了对方的悲观意识，不利于将其往积极方向引导。

[案例6-2] 对一名拾荒者的积极关注

访：下岗了，没有文化，实在是找不到工作，只能捡些东西了。

咨：失去了经济来源，生活没有保障，确实让人苦恼啊。

访：我感觉很丢脸，回到家乡也不敢让人知道我是干这行的，怕被笑话了。

咨：你觉得自己的社会地位不如他人。

访：是的，干这一行就注定要被看不起的。

咨：尽管生活艰难，你仍没有放弃努力，你还是开始了一项新的工作，并靠自己的劳动生活着。

访：是的，我还想学习一项技术，以便找到一份工作。

咨：可见你的生活态度是十分积极的。

在以上的例子中，求助者感到自己的工作和处境会被人耻笑，自我感觉低人一等，而咨询者看到了求助者在这一事件中的积极因素，并且这种积极因素不是咨询者自己构想出来的，也不是与此事无关的、不着边际的东西，而是实实在在能在求助者身上找到的，只是他自己因为受挫，意识范围变得狭小，没有发现而已。咨询者的积极关注能开拓求助者的视角，使他看到事情的发展是有希望的。

积极关注的技术对于救助管理的工作是十分有意义的，救助站的工作人员作为一个旁观者，在自身的生活和工作经验的基础上，对求助者进行积极的情感和行为的关注，让他们惊喜地发现原来自己还有这样的连自己也不曾认识到的潜力和优势，他们马上会对工作人员产生好感，一种相互信任的关系就此建立起来了。

许多工作人员不懂得怎样去发现求助者的积极方面，他们中有些人认为求助者是无药可救、毫无优点可言的，或者即使发现了他们的某些优点也不说出来，这是不利于信任关系的建立的。当求助者来到救助站寻求帮助时，如果工作人员能够以肯定的态度接纳他们、关心他们，不仅能很快打开双方沟通的大门，有助于求助者自由顺畅地说出自己的问题和表达自己的情感，同时对他们积极方面的有选择性地注意和突出，能促进他们更全面地认识自己，增强战胜困难的勇气和信心。

三、尊重和温暖

主动或被动地进入救助站，在他们心里对救助站和救助站的工作人员有一种敬畏感，他们也许会感觉自己跟工作人员不是平等的，自己是受管制者，而工作人员是管制者，这样，他们便不愿意向工作人员敞开心扉。加上有的工作人员也有同样的想法，认为求助者有求于自己，自己是比求助者有地位的人，因此看不起求助者，不尊重他们，双方的这种主观上的地位不平等便阻碍了有效的沟通和交流，不利于救助管理工作的开展。

人人生而平等，求助者可能因为各种原因遇到了困难，尽管有社会背景、地位处境和分工的不同，但是每个人都是平等的，求助者本身的心理和情感是极其脆弱和敏感的，工作人员应当尊重他们，把他们看作与其同样平等的成员，而不是轻视他们。

尊重指的是对求助者的一种接纳态度，指接受对方作为与自己平等的人，包容对方不同的观点、态度、习惯等，对于求助者与自己有分歧的地方表示理解。尊重以真诚为基础，但尊重不等于没有原则，没有是非观，那种以为可以通过自己的权威和成就去驾驭和影响受助人员，促使其改变观点的观念是错误的。每个人的经历和背景不同，工作人员应该包容与自己不同的观念，并把这种尊重的态度通过言语表达出来，如："虽然我不大赞同你的这种想法，但我能理解你的感受，你也是有权利这样想的。"温暖，更多的是态度的一种外部表现，而不是通过有意识训练便可得到的技能。当真正关心求助者的经历和命运时，温暖就会自然而然地从其言语动作和表情中流露出来，求助者也能感受到来自工作人员的关心。

[案例6-3] 在与一名被骗求助者的会谈中表现尊重

咨：你是因为被骗了而求助于救助站的，是吗？

访：是的。

咨：能跟我谈谈具体的情况吗？

访：本来是很好的朋友，从小一起长大的，他说这边好，找工作容易，就跟过来了，来了以后才知道是个圈套，钱全让他给骗走了。

咨：嗯，你一定感到非常失望。

访：是的，我真是太傻了，太愚蠢了。

咨：你指的是什么呢？

访：世上哪有朋友，有的只是利益，为了利益，再深厚的感情也能抛弃。

咨：你真的是这样想的吗？

访：难道你不这样认为吗？

咨：你的看法我虽然不大赞同，但是我能理解你的感受，被最好的朋友欺骗了，丧失的不只是金钱，还会让你感到伤心难过，甚至开始怀疑与其他朋友和亲人的感情。

四、真诚

真诚就是以真实的自我出现，不带任何专业面具和个人面具，与求助者开诚布公地交谈，直截了当地表达自己的想法，而不要让求助者去猜测你谈话中的真实含义或去想象你所做的一切是否还提供了别的什么信息。

真诚是一种非常重要和有效的沟通技巧，也是一种为人的态度。一方面工作人员真诚坦然地面对求助者，可以给他们提供一种安全感；另一方面，工作真诚的态度也为求助者树立了一个榜样，促使其在交流中不再掩饰、回避、隐藏或否认自己的真实想法和感受，激励他们以同样的态度进行交谈，更加开放坦率地与工作人员沟通，接受救助和管理。需要注意的是，真诚不等于对求助者毫无保留，无所顾忌，工作人员的言行要有利于求助者的健康成长。例如："你这种行为真是愚蠢！""你真是不要脸！""你这么调皮，难怪你父母抛弃你！"诸如此类的表达方法，即使表达了你真实的想法，也会使求助者产生不安和抗拒。工作人员可以使用其他较婉转的表达方式，如："我不赞同你的这种行为。""你是否只关心自己，你考虑过别人的感受吗？""我能理解你的心情，但你的这种行为方式别人能接受吗？"。

[案例6-4] 在与一位再次进入救助站的求助者的会谈中使用真诚的技术

访：上次来救助站的时候，你建议我回家去找份工作，别在这个地方乞讨了。

咨：嗯，我还记得这件事，当时你表示愿意听从我的建议，我感到十分高兴。

访：现在我又进来了，你应该会感到很生气吧。

咨：我确实希望你能够履行我们的约定，过上更好的生活，所以今天又在这里看到你，我的确感到有点失望。

访：你一定觉得我这个人无药可救了吧？

咨：（微笑）我并没有这么想过，我相信上次我们作出约定的时候你是十分认真的，而你今天再次来到救助站也一定有你的理由，你能跟我说说吗？

访：是啊……

在上面的例子中，咨询者直接表达了对求助者再次进站的失望心情，但马上又把话题引向所要讨论的问题中去，这种态度会让求助者感到真实和被接受。而如果咨询者掩饰自己的真实感受，说“我当然不会生你的气啊”，那么求助者可能会认为咨询者是真的生气了，只是站在工作的角度上没有表现出来而已，这样求助者在下次遇到问题时可能就会变得小心谨慎，甚至编造行为的借口了。如果咨询者说“没关系，还是让我们先来谈谈你这次的情况吧”，咨询者的目的可能是想通过转移注意力避免正面回答求助者的问题，但是求助者就会猜测咨询者没有提问的原因是因为他并不真正关心自己的问题。

五、非言语行为

在沟通与交流中，工作人员的肢体语言可以传达出大量信息，并且求助者可以感受到这些信息并产生相应的情绪反应。工作人员应以亲切自然的态度，热情地接待求助者，目光应充满关切，表达出对他的关心和信任，身体应保持稍微向前倾的姿势，双手自然放置，不交叉于胸前，不做多余动作，适时点头，在求助者哭泣时主动递纸巾，或拍拍他的肩膀等。工作人员的这些非言语的行为可以让受助人员感受到他是被接受的、被理解的、安全的，进而会更愿意与工作人员合作，共同解决问题。

第二节　收集资料的艺术

对求助者真实资料的收集是救助管理工作的一个难点，许多求助者防御心极强，不愿向救助站提供自己的真实资料，甚至连自己的真实姓名也要隐瞒，这使得救助站的工作难度加大。要收集到求助者真实的资料，必须以建立良好的信任关系为基础，只有获取了求助者的信任，他们才愿意透露自己的真实资料和真实想法。

一、资料的收集

要全面、客观、周密地收集求助者的基本资料和心理信息，详尽地观察其神、色、行、态及其变化，只有这样才能把握问题的所在。工作人员应对求助者的信息进行整体的把握，在与求助者的交流中，可以从观察或问话中得到大量的信息，对这些信息的收集既要全面，又要善于去粗取精，为分析和判断提供必要的依据。

工作人员可以从以下几方面进行资料的收集：

（一）一般的人口学资料

包括姓名、性别、年龄、宗教、文化程度、籍贯、职业、生活状况、身体状况、婚姻状况、家庭情况、社会交往、娱乐活动、自我描述等。了解这些基本资料可以帮助工作人员更好地分析其流浪乞讨的原因及形成其心理状况的影响因素，以便更好地对这些人员进行救助管理。对于不愿意透露真实姓名的求助者，工作人员需要掌握灵活的技巧，不必急于追问，等到双方信任关系建立，求助者打消疑虑后，自然会说出自己的真实姓名。另外，在对其家庭情况资料的收集中，还应了解其是否有家族精神病史，如果有，应在工作中特别注意其有没有自伤和伤人的危险，进而依照救助管理的法律法规进行相应处理。

（二）个人陈述

扼要记录求助者从出现困难到外出流浪乞讨，再到进入救助站，或反复进出救助站的全过程及其心理变化，可以包括事情的起因，遇到怎样的困难，遇到困难后的感受，有没有得到帮助，外出流浪乞讨有没有受到他人的影响等，还应该注意在这个过程中其认知、情绪和行为反应上的变化，了解了这些信息，工作人员可以更好地分析其问题产生的客观原因和心理原因，进而针对具体问题帮助其作出改变。

（三）成长史

在心理咨询与治疗中，个人成长史的资料收集是十分关键的，个体从小到大的生长环境和经历对其影响极大，是影响其个性形成和行为模式的重要因素。在对求助者的资料收集中，因为他们的防御心较强，不大可能把自己从小到大的经历和感受告诉一个陌生人，所以工作人员也不必强求，可以在双方信任关系建立以后，旁敲侧击地询问相关的对其成长影响较大的事件和人物，如对一个反复进出救助站的老人，可以在跟他聊天的时候，诱导他讲讲年轻时候的故事等，进而从这些故事中推敲其心理及个性形成的影响因素。

（四）观察和收集到的其他资料

包括求助者的精神状态、身体状态、行为、衣着、谈吐等。这些非言语的信息可以与言语交流中获得的求助者的自述、家庭状况、社会地位等信息结合起来，以便对其作出更全面的分析。

工作人员必须以友好、诚恳和尊重的态度，促使求助者将自己的问题及感受表达出来。一开始，求助者通常表达的多是消极或含糊的情感，如疑虑、焦虑、敌意、愧疚、自卑等。工作人员应学会掌握会谈的技巧，有效地促使对方表达。对于坦率且不保留地谈论自己的问题的求助者，应让他们尽情倾诉内心的痛苦，尽量不要打断他们的谈话，以便让他们按照自己的思路把问题讲述清楚；而对于谈话不够坦率、吞吞吐吐、转弯抹角或进行试探的求助者，工作人员应善于启发并进行针对性的诱导，解除其心理重负，放松紧张情绪。

人的个性品质的形成与发展是渐进的，同样，不良心理品质的克服与消除也是渐进的，不可能在短时间内一蹴而就，这是心理过程的“渐进性”的特点。工作人员在了解问题、把握求助者意图和存在的问题的时候，应该克服焦躁的情绪，不能一下子提出过高的要求，应由浅入深、从简单到复杂、由量到质逐步进行。

在对求助者资料的收集过程中，工作人员应有整体的观念，对他们的问题及心理状况进行全面考察和系统分析，既要重视其认知、情绪、行为的内在联系，又要考虑心理、生理及社会因素的相互制约和影响，只有这样才能有效地收集信息，防止片面性。为了更好地了解求助者的问题及心理状况，在其倾诉的过程中，工作人员应当主动运用参与性的技术。参与性技术包括倾听的技术和提问的技术，这一技术的运用有助于工作人员更全面和准确地了解求助者的问题和心理状况的性质与原因。

参与性技术是建立良好的、相互信任的咨访关系的重要基础，正确运用参与性技术对会谈的话题进行引导，有助于工作人员更全面地收集资料，所以这里把参与性技术放在本节进行详细阐述。

二、倾听的技术

倾听，不只是单纯地听，它包含着更多的含义，除了听求助者讲述他的故事外，还要借助言语的引导或一些肢体的动作，鼓励求助者说出他遇到的问题、所体验的情感和所持有的观念等。

倾听是信任关系建立的纽带，在倾听的过程中，工作人员应注意：①要尊重和耐心地听，不随意打断求助者的述说，不对其观点加以评论，注意保持价值的中立。②要冷静地听，对任何问题不大惊小怪，外圆内方，不受同化和影响。③要集中注意力有兴趣地听，同时要注意自己的态度和体态语言，不开小差，不做多余的动作。④参与地听，点头要适时、适度、真诚，对求助者的自我剖析给予适时鼓励，简要重复理解了的语句，鼓励求助者把谈话继续下去。⑤用心地听，听求助者是如何表达他自己的，力求听出求助者的弦外之音，省略的和被回避的问题尤其应该注意，还要注意其表述的言语方式和语句结构，以及表述中的忧郁与停顿、语词变化和无意识动作。

倾听的时候容易出现几种错误，这可能阻碍与求助者信任关系的建立与资料的收集，包括：①没听够，指情况了解不全面和不清楚时就急于下结论，缺乏共情，轻视求助者的问题。②听不进，轻视问题，以为求助者小题大做。③不耐烦，频繁地干扰求助者，转移话题，使求助者无所适从。④爱评论，不能做到价值中立，边听边评论。⑤提问太多，概述太多，不恰当的情感反应等。

会谈中倾听的技巧包括鼓励、释义、情感反应、概述、具体化、即时化等。

（一）鼓励或重复技术

即通过重复求助者的话，或通过简短的语气词和非言语的技巧，来表示对求助者的精神支持，表示理解和听明白了，并通过选择性关注某些关键词和问题引导话语方向。例如，通过“嗯”、“然后呢”、“哦”、“继续说”等来鼓励对方说下去或强调对方所讲的某些内容。

[案例6-5] 与初次求助者的会谈中使用鼓励技术

咨：欢迎来到救助站，我是这里的工作人员，首先我想向你解释一下救助站的工作内容与工作性质，以及你在这里可以享受到的权利与应履行的义务，好吗？

访：好的。

咨：（解释说明这些问题）还有什么不清楚的吗？

访：没有了。

咨：首先我们需要了解你的具体情况，以便更好地帮助你解决问题，希望你能配合我们的工作。

访：好的。

咨：（收集基本的人口学资料，如姓名、性别、年龄、籍贯等并做记录）接下来，你能告诉我今天是为什么来到救助站的吗？

访：我也不知道，昨天刚从老家来到这里，下了火车，在街上坐了两个小时，就被送进来了。

咨：嗯，是这样的……（向其讲述相关法规）明白了吗？

访：明白了。

咨：当时为什么想到来这里呢？

访：家里没人了，一个人什么也做不了，吃饭都成问题，冬天更加难啊，北方的天气不如这里，人老了，怕冷啊。

咨：嗯嗯，然后呢？

访：我们村里有几个在这里的，回去都说这里暖和，也能吃上饭。

咨：这边的天气确实比较适合老人家，你刚刚说家里没人了，指的是什么呢？

在以上的例子中，工作人员在对求助者的尊重和温暖中开始建立关系，详细、清楚地讲述了相关政策，并能通过鼓励性的短语鼓励对方继续说下去和引导谈话的方向，这就使求助者对救助站形成被关心和被接受的第一印象。

这一技术的使用，可以让求助者感到自己是被接受的，工作人员对他所谈的内容是关心的、感兴趣的。另外，鼓励对话题有强烈的选择作用，你选择鼓励哪一个话题，则决定着接下来谈话的方向。至于选择哪些谈话内容进行鼓励，那要看双方的互动情况以及访谈者的偏好，一般来说，可以选择长篇赘述的最后一个话题或使其情绪反应最强烈的话题作出鼓励。

（二）释义

释义也叫内容反应技术，是指选择求助者的主要问题和实质性内容、情感、想法、行为加以综合整理后，简单扼要地反馈给求助者，促使其再次察觉和剖析自己的问题。其主要方法是引用求助者言谈中最具有代表性的、敏感的和最重要的词语，按其因果关系进行串讲，可以使用自己的语言对求助者的话进行反馈，但对于某些敏感性的字句，使用求助者的原话较好。

布拉莫提出，释义反应技术要掌握3个要领：①听取求助者的基本信息；②提纲挈领地向求助者复述基本信息；③观察求助者的反应，看求助者是否感到被准确理解了。

［案例6－6］内容反应技术的运用

咨：我们刚刚谈了许多，我想你主要的意思是希望自己能在学习上取得更好的成绩，让周围的人，特别是爸爸妈妈觉得你是个聪明乖巧的孩子，希望他们对你好一点，是吗？

访：嗯，我是这样想的，我想成为一个有用的人。

咨：你想让别人觉得你是有价值的？

访：嗯。

（三）情感反应

它是指对求助者言谈中的情绪反应进行反馈，即用词语表达所听到的、所体验到的求助者的感受，这些感受也许是求助者感受到却不曾清楚认识到或未曾留意过的。

对求助者的情感反应常常包括这样一些内容："你"或对方的名字和情绪的名称；"你觉得……""你心里感到……"这样的句子；此外还常有与情绪

的发生有关的人物和事件。

［案例 6－7］情感反应技术的运用

访：我的爸爸妈妈根本不把我当他们的孩子，又打又骂，有哪个父母会这样对待自己的孩子？

咨：你感到十分伤心？

访：是他们逼我离家出走的，我再也不回去了。

咨：你觉得爸爸妈妈不爱你了，每当你这样想，就感到十分气愤，是吗？

访：是的。

情感反应与释义不同，释义偏向于对求助者言谈的内容进行反馈，而情感反应则侧重于对求助者言谈中所表现出来的情绪进行反馈。但实际上要把对内容的反应和对情感的反应区分开来是很困难的，因为对感情的反应也要借助于口头的说明。

使用情感反应的技术，要求工作人员善于从情绪性词语中发现求助者现在的矛盾情绪，进一步澄清求助者的真实思想和情感，捕捉求助者瞬间的感受。所以，这一技术的使用，要求工作人员具有分辨不同情绪的能力，以及从表情、语气等线索察觉情绪体验的能力，要能比较准确地定义和识别各种常见情绪，如愉快、恐惧、悲伤、孤独、愤怒等。准确的情感反应有助于加强双方的信任关系，而不准确的情感反应则会伤害到这种关系，或带来不良的心理暗示。

（四）概述

概述就是把求助者的言语和非言语行为、情感特点进行综合整理后，以提纲的方式再向求助者表达出来的技术。概述可以看作是一个谈话段落或一次会谈的总结。

［案例 6－8］　在会谈中概述技术的运用

咨：从我们前面的谈话中可以看出你现在主要有这样几个问题：生活没有保障的问题和与儿子儿媳关系不好的问题。除此之外还有别的问题吗？

访：主要就是这两个问题。在这里待下去也不是办法，但回去又没吃的，他们又不养我。

咨：嗯，我了解了，今天的谈话就到这里，我想请你回去思考一下导致这两个问题产生的原因和你自己的一些打算，好吗？

访：好的，下次见。

概述技术的运用，可以帮助求助者理清自己的问题，然而如果概述过多，则不但浪费时间，还会使求助者感到工作人员的领悟能力差。

（五）具体化

当求助者表述问题过于模糊、过于概括或概念不清时，工作人员需要澄清其表述的事实及用词的具体含义，这就是具体化的技术。

当求助者思绪混乱的时候，可以通过类似“能详细谈一下当时的情形吗”，“能举个例子吗”等提问来进一步澄清事实真相。当求助者受到问题情绪的困扰而漫无边际地泛泛而谈的时候，工作人员又要将其引入特定的话题或特定感受的体验中去，如“你已经谈了很多的问题，现在能请你选择一个你认为比较重要的问题谈吗”，或“你能用一个词语表达你此刻的感受吗”等。可见，具体化是有针对性地对重要问题的具体化，而不是具体讨论分析求助者所阐述的每一个事实、每一个感受或每一个细节。具体化的技术还可以用于明确求助者所用词句的确切含义，因为在表达上，个体间的差异是很大的，对同一个词语，不同的人有不同的理解，对同一个意思，不同的人也有不同的表达方式，工作人员不应猜测求助者用词的意思，而是应该及时地、直截了当地询问“你说的……指的是什么”，“你理解的……是什么意思”。

然而，某些事件或情绪体验对求助者的影响极大，如丧亲、被强奸和被虐待等，他们的心灵可能受到了很大的创伤，这时，工作人员应该慎重行事，不应马上与对方讨论具体的细节与经过。

使用这一技术，要求工作人员使用具体的事例表述抽象的感觉，注意言语的字面意义和隐含意义的区别；注意对于不同个体和不同文化，语言的表达具有多义性和歧义性；另外还要注意语言的象征意义。

[案例6－9] 具体化的技术的使用

访：最近总觉得活得很累。（笼统的表述）

咨：能不能告诉我，为什么会有这种感觉呢？（启发具体感觉的表达）

访：周围的一切都是陌生的，想找个能聊天的人都没有，丈夫又整天在

工地打工，我觉得这样的生活挺无趣的。(是事实，但不够具体)

咨：这确实让人感到烦恼，我想我们应该深入地谈一谈这些问题，你愿意谈谈具体的情形吗？(逐渐引入具体问题)

访：以前在家乡的时候还能下地干干农活、种点东西、养点鸡鸭什么的，可是现在来到这个地方，什么都做不了。

咨：你能告诉我那是一种怎样的感觉吗？(开放性提问)

访：我感到我不属于这个城市，这个城市对我来说是陌生的，我不可能在这个城市里长久地住下去，不可能被这个城市所接受。

咨：你所说的被这个城市接受是一种怎样的状况呢？

访：我希望能有一份正经的工作，即使辛苦一点也不要紧，能干活就是好的，也希望能认识到更多的人，他们都喜欢我和我的家人。(具体的回答)

(六) 即时化

会谈中，有些求助者会大谈过去和未来，而不涉及现在，即时化技术的使用，可以增进求助者对现实的认识，促使其对自己所体验的情感和对所做的行动承担责任，而不是因为自己的现状去指责别人。

即时化指的是引导求助者察觉此时此地的想法和感受，而不是沉湎于过去或忙碌于未来的计划。完形主义认为，专注于过去和未来而放弃对此时此刻的情感体验的探索，将直接影响到咨询的效果。完形治疗的基本目的是帮助求助者获得察觉，即对自己现在正在体验的感受和正在做的事情的注意和认识。

[案例6-10]　即时化技术的运用

访：我辛苦养育他长大，想不到他一娶了媳妇就不顾娘了，痛心啊！难道这么多年的养育之情他就一点都不在乎？

咨：您现在是怎么想的呢？

访：我也不知道究竟要怎么办，我甚至不知道自己究竟是怎么想的。别人都让我告他去，可我就是下不了决心。

咨：那么你现在是怎么看你的儿子的呢？

访：我也恨他啊，但又放不下，还想像以前一样对他唠叨、帮他收拾屋子，将来他有儿子了，我帮他看着……哎，我也不知道自己为什么这样，对自己这个儿子究竟是怎样的感情……

咨：你不能想明白自己这种状态的原因是吗？让我们先来看看您对他都怀有哪些感情和想法好吗？

访：嗯。

咨：您刚刚说恨他，却又放不下，除此之外呢？

即时化鼓励求助者更多地暴露自我，也是在促进他们与工作人员进行更真诚的交流。使用即时化技术，工作人员应少问“为什么”，多问“如何”，可以这样提问：“在你说话的时候你还在想什么？”“此刻你如何尝试退缩？怎样避免接触不愉快情感？”工作人员应引导求助者察觉自己是怎样忽略显而易见的外显行为的。

三、提问的技术

不同的提问方式、询问用词和语气、语词可以导致不同的结果，所以工作人员在与求助者的会谈中应注意提问的方式方法。提问包括封闭式提问和开放式提问。

（一）封闭式提问

封闭式提问即“是不是”、“有没有”式的提问，这种提问通常可以用“是”、“不是”、“有”、“没有”等一两个字来回答。这类提问不引导求助者提供更多的信息，不扩大话题，而是就当前问题进行查证。它的作用是获得特定的信息，澄清事实，缩小讨论范围，或使会谈集中于某个特定的问题，当求助者的叙述偏离了正题时，还可以用这种提问方式中止其叙述。然而，由于封闭式提问限制了求助者进行自我探索，限制了其自由表达，并且会使谈话趋于非个人化，因而不宜多用，一连串的封闭式提问后求助者常常变得被动、迷惑和沉默。

（二）开放式提问

它是指使用“如何”、“怎样”、“什么”、“能不能”的提问，回答的结果是开放的，答案是不可预料的。开放式提问用于了解事情的来龙去脉和求助的体验。以“什么”发问常常能引出一些事实材料；以“怎样”发问常常涉及一件事的过程、次序或情绪性的事项；以“为什么”发问常常引出一些理由、原因及合理的解释；以“能不能”、“愿不愿”发问则常常引起求助者的自我剖析。开放式提问可以使求助者感到自由，有时还能获取意外的信息。

在会谈中，要根据不同的情形使用不同的问法，而不能囿于其中一种。提问也不应过多，否则可能造成依赖，使求助者不再主动倾诉，或使其等待提问，把责任转移到工作人员身上，过多的提问还可能减少求助者的自我探索，产生不正确的信息，还可能导致暗示和防御心理。

以下几个是提问中容易犯的失误，应当可以避免，包括：封闭式提问为主、开放式提问太少、将倾听变成审问、一问一答、重复提相同的问题或幼稚的问题或无关的问题。

第三节　心理分析的艺术

这里所说的心理分析是指通过各种方法和技术更好地了解求助者问题的实质以及其认知、情绪、态度的形成原因和行为倾向，应与弗洛伊德倡导的精神分析的技术在概念上区别开来。

本节从阻抗、移情与反移情、观察的技术、作品分析法、投射测验等方面阐述对求助者进行心理分析的技巧。

一、阻抗

阻抗是指求助者对于会谈过程中自我暴露与自我变化的有意识或无意识的抵抗、回避和否认，它可能意味着求助者的自我防御、保护自尊和不愿改变现状。阻抗的概念最早由弗洛伊德提出，他认为阻抗是求助者在自由联想的过程中对那些使人产生焦虑的记忆与认知的压抑，阻抗的意义在于个体的自我防御。

积极地认识阻抗的表现形式并有效地克服，可以增进双方的心理沟通，促使求助者领悟自己特定的思想行为方式；反之，如果对阻抗的现象不加理会或处理不当，则会使双方的交流受阻。

（一）阻抗的表现

（1）表现在与工作人员关系上的阻抗。包括求助者不认真履行合约规定的责任义务、对与工作人员的谈话持消极态度等。

（2）表现在讲话程度上的阻抗，包括沉默、寡语和赘言 3 种形式。其中沉默的现象最为常见，表现为求助者拒绝回答任何问题。寡语表现为以短语、简句及口头禅回答问题，使工作人员无法了解其内心的真实感受。赘言表现为求助者讲话过多，它通常是无意识的，其潜在的阻抗动机可能是减少工作人员讲话的机会，或是回避某些核心问题，或是转移注意力等。

（3）表现在讲话内容上的阻抗。包括：①理论交谈。求助者使用专业术语与工作人员进行交谈，其实是其内心对交谈的疑虑，或企图控制工作人员，回避谈论自身的核心问题。②情绪发泄。指求助者对某些话题表现出强烈的情绪反应，如大哭大闹、泪流满面或不自然地大笑，这些反应其实是求助者心理防御的表现，体现了其对于重新体验痛苦经历的焦虑与抵触情绪。③谈论小事。这是常常容易被忽略的情形，求助者过多地谈及问题的细枝末节，刻意回避核心问题，其目的是想转移工作人员的注意力。④假提问题。指求助者向工作人员提出表面上适宜、实际上毫无意义的问题来避免讨论某一话题，或加深某种印象，这些问题通常涉及会谈的目的和工作人员的私人情况等。假提问题也反映了求助者自我保护的需要。

（4）表现在讲话方式上的阻抗。包括：①外归因。将其问题完全归咎于别人，而不从自身找原因。②健忘。指在谈论到使人痛苦或不安的内容时表现出来的遗忘现象。③顺从。求助者对工作人员表现得格外的尊重和客气，对他们讲的每一句话都表示出绝对的赞同和服从，使别人无法进入他的内心世界。④控制话题。求助者一味地要求讲自己感兴趣的话题，回避自己不愿谈论的话题，其目的是避免焦虑和不安情境的出现。⑤最终暴露。求助者在最后的时刻才讲出某些重要问题，使工作人员感到措手不及。

（二）阻抗产生的原因

求助者阻抗现象的产生可能有以下方面原因：①被动心理。有些求助者并不是自愿进入救助站的，其内心深处对救助站、对与工作人员的会谈有抵触的情绪。②对抗心理和掩盖心理。想掩盖其问题背后的深层矛盾和冲突。③两难抉择心理。即维持现状不利于发展，改变现状的过程又会产生焦虑和痛苦，不知该如何选择。④来自对抗会谈的动机。有些求助者只想得到赞同，只想证明自己是对的、是与众不同的、救助站对自己是无计可施的等。

要化解会谈过程中出现的各种阻抗，要求工作人员准确分析阻抗产生的具体原因，把握深层问题，对症下药，并注意运用各种技术改善双方关系，坦诚地向求助者揭示其阻抗的现象，另外，还应妥善处理好沉默的现象，巧妙地处理多语状况。

二、移情与反移情

（一）移情

在心理咨询中，移情是指求助者对咨询者抱有超过咨询关系的幻想和情感并表现出相应的行为反应的过程。移情是一种无意识的心理反应倾向，发生移情时，咨询者成了求助者某种情绪体验的替代对象。在工作人员与受助人员会谈时，也可能出现移情的现象，他们可能对工作人员产生感激、爱慕的感情，十分顺从某个工作人员的安排，在他人面前大力赞赏这位工作人员，甚至关心该工作人员的日常生活等，这种表现为友好、爱慕的移情就是正移情；还有些求助者把工作人员看作是过去经历中某个给他带来挫折和痛苦的对象，对工作人员表现出拒绝、不满、敌对和不配合等情绪，这就是负移情。

移情在会谈中是正常的，也是可以被工作人员利用的，它有助于求助者宣泄积压的心理能量，达到心理平衡。移情的认识和重新体验要求工作人员对求助者在会谈中表现出的种种异常态度、行为作出敏锐的观察和积极的解析。

如果求助者对异性工作人员表现出正移情，工作人员不必害怕，应婉转地向对方说明这是会谈中可能出现的正常现象，但这不是现实中正常的、健康的爱。工作人员要有策略地（不伤害求助者自尊心）、果断地（让求助者知道工作人员明确坚决的态度）、及早地处理，将其引向正常的会谈关系，如果任其发展，则会阻碍会谈的进行。

（二）反移情

反移情在心理咨询中是指咨询者对求助者无意识的反应倾向，它是移情的对立面。在对求助者的救助管理中，工作人员有时也会对某个求助者产生反移情的现象。这种反移情可以是正移情，也可以是负移情。一些工作人员或是偏爱某些求助者，或暗中鼓励求助者反对管理机构，或对某些求助者期望过高，当他们没有能够达到这种期望时，工作人员则会产生沮丧情绪或攻击性反应；或求助者因工作人员自身的自恋倾向而需要得到别人更多的尊重；有时候求助者的某些特点还能激发工作人员的内心冲突；或者因为双方的文化和习惯的差异而产生矛盾，这些都是反移情的表现。

对于反移情的认识要比移情的认识困难得多，那是因为反移情表现了工作人员在会谈中的自我防御，它有很大的主观性和不可测性。这要求工作人员在工作中要时刻保持清醒的头脑，恪守职业道德规范，努力提高自控能力，尊重和理解求助者的价值观，努力保持自身的客观、公正和中立。

三、观察的技术

在会谈的过程中，既要注意求助者的谈话内容，又要细心观察其谈话态度、姿势和表情动作。数据显示，晤谈中55%的信息来源于面部表情，7%来源于声调变化，只有38%来源于谈话的内容，因此，工作人员在与求助者的交谈中，要特别注意观察他们的动作、姿势和表情等，以便更好地发现其真实的情感、态度和行为倾向。

（一）面部表情

人的面部表情是十分丰富的，在心理咨询中，从面部表情获得的信息量超过总信息量的一半。面部表情是反映人的情绪状态自然特性的最重要部位，其中最有意义的是眼睛和嘴巴所反映的信息。

眼睛是心灵的窗户，透过人的眼神可以领会各种心灵语言。会谈中要注意与求助者目光接触的技巧，目光要亲切自然，目光接触并不是要始终注视对方，而是要视情形而定。一般来说，当对方倾诉时，多看对方一些；当自己说话时，目光可以偶尔离开；如果对方主动看着你，则要迎合他的目光；如果发现对方有意避开目光接触，就不应一味盯着，因为这会加剧对方的不安。另外，求助者回避或移开目光常提示谈及重要问题、困扰或内心冲突。

当做解释、说明时，求助者可能会有不同的反应。如果工作人员的某些话语击中其要害，他可能久久盯着地面、注视着自己的双手或双脚，求助者可能没有任何言语反应，但这却恰恰反映了其内心的斗争与思考，此时可以为其留出一定时间，不要再发问或讲解。有时求助者的目光或表情流露出不以为然的色彩，这不一定是轻视的表现，工作人员可以对此提问，继而处理问题。

嘴巴是肌肉活动最精细的部位，嘴部一些细微的变化常常传递着不同的情绪信息，如羞愧、思考、愤怒、轻蔑等。

正确地运用和理解面部表情，有助于更好地理解求助者的问题与困惑的实质，有利于会谈的深入发展。

（二）身体语言

身体语言包括手势和躯体姿势。

手势具有说明、强调、解释或指出某一问题、插入谈话等作用，与口头言语的表达密切相关，也与躯体姿势相关联。借助手势和躯体姿势，可以表达愉快、欣喜、焦虑、悲伤、愤怒等各种情绪，并且在相同的文化背景中，这种表达是相似的。

以下是一些常见的身体语言及可能的解释：两手机械地搓合，手指交叉分合，玩弄手指或小物件，如手绢、笔等，常提示此人内心紧张不安；摇头、挥手、扫平面前、突然急速而反复地调整坐姿，常提示其不耐烦、不同意；一个情绪抑郁的人可能目光黯淡、双眉紧锁、双肩微驼、双手持续做某个单调动作、身体移动速度缓慢；一个焦虑的人常常有无休止的快速手足运动，双手可能在不断颤抖；一个行为退缩的人可能始终使他的双手处于与身体紧密接触的部位，如双手紧缩于衣兜，头部下垂。这些解释不是绝对的，要结合收集到的言语信息和当时的具体情况进行分析。

工作人员在与求助者的沟通过程中，应当留意这些手势和身体姿势的变化，它们反映了比言语更重要的信息。

（三）声音特征

声音特征包括音量大小、音调高低和语速。

人们借助音量、音调以及语速的改变，能够表达多种复杂细微的情绪。音调的提高显示强调或重视，或是激动和兴奋；节奏变慢显示对方可能在进行某种思考；有意识的停顿可能是由于对方希望他刚刚谈及的内容能得到注意。当然，对于声音特征的分析要结合当时的谈话内容。

（四）沉默现象

会谈中常出现沉默的现象，卡瓦纳把沉默分为创造性沉默、自发性沉默和冲突性沉默。

创造性沉默是求助者对自己刚刚说过的话的一种内省，表现为目光凝视在某一点上。这时求助者沉浸于思考中，工作人员最好也保持沉默，以鼓励其思考。

自发性沉默往往表示由于不知道要说什么的情况。这时工作人员应该立即作出反应，避免双方产生压力。

冲突性沉默可能出于害怕、愤怒或愧疚，这时工作人员应注意分辨求助者的情绪表现，结合整个谈话过程和求助者的问题，作出估计，针对不同情况给予鼓励，以真诚的、接纳的态度与其讨论其个人问题。

[案例6－11] 对沉默的处理

咨：现在能跟我说说你出去后有什么打算吗？

访：（自发性沉默）

咨：我想你一定也思考过这个问题吧？能把你的想法告诉我吗？

访：（自发性沉默）

咨：你也许一时想不到如何表达，让我们一起来分析一下这个问题好吗？

访：好的。

咨：在前面的谈话中，你曾表示你很喜欢你的家乡，但在这里你更容易谋生，所以你觉得不知道如何选择，是吗？

访：（创造性沉默）

咨：（保持沉默，鼓励其思考）

访：是的。

咨：嗯，你还说过，在这里乞讨的经历让你不知道该如何面对家乡的亲人，你害怕他们知道后看不起你、嘲笑你，所以你对于回家是有疑虑的。

访：（冲突性沉默）

（五）综合印象

它是指对一个人总体、概括的看法及观点。

人与人一开始打交道时，就会形成对对方的某些初步的看法和态度。在会谈的过程中，综合印象对于整个观察过程起着统领全局的作用。大致说来，两人之间的距离可能传达了他对你的看法，或他对于同性（异性）的态度，反映了他本人的修养、习惯与社交经验。个人的装束、发型、首饰等也传达着一定信息，这些信息与人们的言谈举止结合，可以反映一个人的修养和气质。

综合印象可以被工作人员所利用，但工作人员更应该通过沟通达到对求助者问题的深入了解，而不可凭第一印象办事，先入为主。

四、作品分析法

借助对绘画作品、雕塑作品、书法作品、沙盘游戏等的分析，可以帮助工作人员更好地了解求助者的问题以及导致问题发生的原因，甚至还能发现一些不为其本人所了解的无意识信息。同时，在专业人员的帮助和引导下，这些作品的创作过程对于求助者来说也是一次促进自我探索和自我分析的过程。

对于一些文化水平不高的求助者，可以通过绘画作品推断其心理特征。儿童由于防备心较弱，对绘画的兴趣较高，其绘画作品更能反映出大量的信息。对绘画作品的分析可以从观察线条与造型、不同年龄的题材与构图、是否有夸张或省略、细节观察等方面入手，如经常使用长方形或方形来造型的儿童具有果断的个性，经常用曲线来描绘事物的儿童其性格则更显柔和、温顺；所画的细节越多，表明儿童对环境的认知越深、越全面，给予的情感和关注也较多；如果儿童把人画成“棒棒人”，把房子画成又小又矮、没有门窗的几何图形，则提示他可能为冷漠、敌意等情绪所困扰。

沙盘游戏是指借助于手和沙具创作沙世界、感悟沙世界和拆除沙世界的过程。对于有语言障碍、自闭症、抑郁症、恐怖症、社交困惑、躯体化等心理障碍的儿童，沙盘游戏是一种很有效的沟通和治疗方法。而成人玩沙盘游戏则有助于深入展示个人的内心世界，让自己与潜意识对话，了解自己的深层次需要，完善自我性格，宣泄消极情绪和释放压力。

五、投射测验

由于求助者具有防备心强、欺瞒性大等特点，有时确实很难获取其真实资料和情绪情感状况的真实信息。在需要的时候，工作人员还可以尝试使用投射测验来推断其心理和人格特征。

投射是指个人把自己的态度、愿望和情感情绪等心理特征无意识地反映在对事物的解释之中的心理倾向。生活中，有些人把无意义的事物解释成有意义的事物，把无生命的物体解释成有生命的物体，这就是投射的作用。这时，个体对客观事物的解释反映的是解释者的心理特征，而不是事物本身的特征。

投射测验就是运用投射技术测量个人对特定事物的主观解释，从而获得对受测者心理和人格特征的分析。

投射测验的施测程序是：向求助者提供预先编制的一些未经组织的、意义模糊的标准化刺激情境，让其在不受任何限制的情况下，自由地对刺激情境作出反应，然后通过分析求助者的反应，推断其心理和人格特征。

最常使用的投射测验是罗夏克墨迹测验和主题统觉测验。

第四节　协助对方改变的艺术

会谈中倾听固然重要，但单纯的倾听会使会谈进程变得缓慢，而当工作人员以积极主动的态度参与到会谈中时，会基于对求助者的充分理解，通过专业知识与方法技术、人生经验对他们产生影响和干预，使其从中受益。

协助对方改变的艺术包括解释、指导、劝告或提供信息、自我揭示、反馈、逻辑推论、面质、影响性概述等。

一、解释

解释是指运用某一理论或个人经验对求助者的问题和困扰作出合理的说明，使求助者以一个全新的角度思考自己的问题。解释是最重要的影响性技术。

在心理咨询中，咨询者常常发现求助者对自己的情绪体验、态度行为等问题很少或根本没有探索过，或者是陷入一个自我损害的解释之中，又或者是陷入各种矛盾的混乱状况中而理不清头绪。求助者由于文化水平的限制，他们对自我的探索就更加少了，当生活中出现各种挫折和困难，或者出现某些心理困扰和情绪问题时，他们总是局限于自己的视野中，不能认清问题的实质或对问题的原因和实质有错误的、矛盾的认识。这时，如果有一个旁观者在其不同的人生经历的基础上，从其自身的参考体系出发，运用解释的技术对问题提出自己的看法，就能帮助求助者拓展视野，从一个新的角度看待自己的问题，从而获得新的领悟。

[案例6－12] 解释技术的运用

访：我老感到头痛，实在是痛得厉害啊。

咨：老人家，你也去过几个大医院做了检查，我也看过您的检查报告了，您身体很健康，没有什么大的问题。

访：那我为什么老感到头痛呢？这是真真切切的痛啊，不是假的。

咨：根据我了解到的关于您个人的信息，我认为您的头痛可能和心情有关。一个人如果经常心情不好，或压抑一些不好的想法和念头，就可能会导致头疼。(利用专业知识作出解释)

访：还有这种事情啊?

咨：是的，有时候头痛也有好处的。

访：什么好处?

咨：让我们一起来分析这个问题。在之前的聊天之中，我了解到您以前跟丈夫的关系不好，自从生病开始，丈夫对你就十分照顾，两个人也不吵架了，相处得很不错的

访：是这样的。

咨：那么你是否认为生病能让你获得一些好处呢？(试探性解释)

在心理咨询中，解释有两种：一种是运用各种心理咨询与治疗的理论，另一种则是更多地利用咨询者个人的人生经验、实践经历与观察结果。无论是哪一种解释，不同的咨询者，其人生经历不同、使用的理论架构不同，对同样的问题可能有不同的解释。而在与求助者的沟通交流中，工作人员可能更多的是基于自己的生活经历对求助者的问题和困扰作出解释。如果工作人

员能了解心理学的一些基本理论和观点，并结合救助管理的实践和相关的社会学知识，定能对求助者的问题作出更恰当的解释，进而更好地帮助他们解决问题。

使用解释技术要注意以下几点：①解释应在充分收集资料之后进行；②解释应建立在良好关系的基础上；③使用解释时应循序渐进，解释的内容不要与求助者的信念、文化背景存在过大差异，措辞要合适，避免使求助者产生激烈的思想冲突；④解释的同时观察求助者非言语的反应。

二、指导

指导指的是直接给予求助者某种意见或指导其做出某种行动。指导的本质在于直接造成行为的改变，它明确地指示改变什么、学习什么以及如何改变、如何学习，所以指导有强烈的行为取向色彩。

指导有不同的方式：①指导言语改变。认知治疗的方法认为，人的言语是由其认知和态度决定的，改变认知能够改变人的言语及行为，同样，改变言语行为也能对个体的认知产生影响。例如，当某个求助者对自己失去信心，他可能会这样表达："我真是个废物"，工作人员可以指导他把这种表达方式改变为："我没有努力，所以没有过上好的生活"；一个对自己期望太高，甚至有点不切合实际的求助者可能这样表达："我应该得到更多"，工作人员可以指导其改变为："我希望能得到更多"等。②特殊的建议或指示，如求助者因为找工作的问题而焦虑，工作人员可以建议他修改自己的期望和目标，先找一份低薪的工作，注意休息，别让自己过度疲劳、坚持锻炼等。某些求助者有不良的行为习惯，如拖拉的习惯，工作人员可以指导其逐步克服这种习惯，逐渐减少完成任务的时间，或对做得好的或坏的行为进行自我奖励或惩罚等。

[案例 6-13] 指导技术的运用

访：我必须挣多点钱，这样才有朋友，别人才不会看不起我，才会尊重我，另外我也应该是个有钱人，因为我祖祖辈辈都没穷过。

咨：嗯，听说你愿意努力工作挣钱我感到很高兴，但从你的言语中我发现你似乎认为朋友和尊严是用钱财可以买来的，我可以这样理解吗？

访：是的，我之所以进来这里，就是因为没钱，没钱就没朋友，就没尊严。

咨：我可以理解你现在不知所措的心情，但是难道没有例外吗？

访：也不是，我有一个朋友在我困难的时候始终没有放弃我。

咨：嗯，所以能不能请你以后在有这种念头的时候就想想你这位朋友呢？

访：嗯，确实还是有好人的。

咨：你也认为自己必须是富有的？

访：我一定要变得富有。

咨：但是我们可以看到你当前的经济状况，还是不太好，由现在的这种状态到你理想的状态，还是有很大的差距，是吗？

访：我也知道那很难，所以我每天都生活在焦虑和紧张之中。

咨：考虑到现实与理想的差距，我们能不能把“我必须是个有钱人”这样的话语，转变成“我希望过得更好”呢，那样的话，你也许会感到更加轻松。

需要注意的是，运用指导的技术时，工作人员要避免操纵或支配求助者，避免代替求助者做决定，指导也不应使用得过多，否则会使求助者产生依赖或抗拒。

三、劝告或提供信息

这里指对求助者所关心的问题提出建议，给予指导性或参考性的信息，以帮助求助者思考自己的问题，进而做出行动。

为求助者提供信息或劝告时应以其利益为出发点，并让对方了解你提出这个建议的依据，如果对方不以为然，工作人员应该重新检查自己对对方问题和心理的理解，帮助他另外找出解决的方案，而不应认为自己没有错，是对方不识好歹，更不能因此对求助者产生某些负面的情绪。因工作人员站在自己的立场看问题，有时不能真正了解到对方的苦衷，也可能是求助者一时不能体会到工作人员提出的建议的好处。无论如何，工作人员都应冷静对待，以对求助者负责的态度与其进行会谈。

提出劝告时工作人员应当注意措辞，可以使用“如果我是你的话，我也许会这样做……”“你看这样会不会更好呢……”等。措辞生硬可能使求助者产生抵触心理，使用婉转的表达则更可能被对方接受。还应注意的是，劝告或建议不应使用过多，当求助者询问工作人员的意见和建议时，工作人员可以给予劝告，而不是主动提出过多的建议。

[案例6-14] 劝告技术的运用

访：我现在也不知道怎样才好，又没有钱，又找不到工作，也没有认识的人。

咨：这确实让人感觉困扰啊。

访：你说我该怎么办啊？

咨：如果我是你，我会回家去办一个身份证，有条件的话，我还会去学习一项技术，然后再出来找工作，我想那样可能对你更好些。

四、自我揭示

自我揭示也叫自我暴露或自我开放技术，指的是将自己的成长经历、思想与情感、人生体验与求助者进行分享。

自我揭示可以分为以下4种形式：①现在的积极的自我揭示。例如："我很感激你把家里发生的这些事情告诉我，这表示你很信任我。"这种揭示表明了工作人员当时的感受，向求助者传递了你对他积极肯定的态度。②现在的消极的自我揭示。如："你没有完成我们上次约定的任务，我对此感到很失望，但我想你肯定是有原因的。"这种对自己负性体验的揭露，可能使求助者感到你更加真诚和可信，但这也需要注意分寸，一方面要考虑求助者的感受，另一方面要避免出现对求助者的否定性评价及攻击性的言辞。③过去的积极的自我揭示。例如："我能体会你当时的心情，当我知道我能开始自己工作挣钱了，我也是十分的激动。"④过去的消极的自我解释。例如："我明白出门在外，身边又没有什么朋友的那种孤独和无助的感觉，因为我也有过同样的经历。"在实际的操作中，这种对过去经验的自我揭示容易被滥用，这就容易忽视求助者的问题，而把谈话的中心转移到了工作人员自己身上。

[案例6-15] 自我揭示技术的运用

访：实在是没办法啊，以前还可以在地里种点东西，卖了换钱，现在到处都是干旱，土地没有收成，连饭都吃不上了。

咨：我知道你现在过着很苦的日子。

访：所以就跟老公来了这边，老公去打工，我就带着孩子在街上讨点钱，凑合着过日子，最想的是能挣点钱给家里的大儿子读书，他明年就7岁了，希望他能学点知识，不要像我们这么苦。

咨：我可以理解你的心情，我也是个母亲，我很爱我的孩子，我知道天下所有的母亲都是愿意为自己的孩子付出一切的。

访：是啊，为人父母的，都是为了孩子。

咨：那出去以后你有什么打算吗?

访：老实说，我不打算回家，回去活得不容易啊。

咨：我很感谢你把自己真实的想法告诉我，这表明你对我是信任的。但是带着孩子在街头乞讨似乎不是长久之策，对你和孩子的健康也不大好。

自我揭示有助于咨询者与求助者建立相互信任的关系，它也是一种自我探索活动，有助于求助者的自我了解和自我接纳。咨询者的自我揭示其实是对求助者同样行为的鼓励和强化。研究表明，咨询者的自我揭示可以使求助者的自我揭示增加，能提高求助者积极参与会谈的兴趣。另外，如果咨询者的自我揭示是与他有关的负性信息，求助者将感到更多的温暖和信任。需要注意的是，自我揭示涉及的深度要与咨访关系的密切程度相适应，如果在双方关系还很表浅的时候做自我揭示，可能会使求助者感到焦虑。

五、反馈

反馈是直接针对求助者的问题作出的正面回应，即表达对求助者问题和困惑的看法。反馈可以让求助者了解自己的问题在他人看来是否合理，可以帮助求助者开阔视野，看看他人是怎样处理与自己类似的问题的，以达到更好的自我审视。

反馈的应用常常伴随着工作人员的看法和观点，因而要避免滥用。

[案例6-16] 反馈技术的运用

访：我每天从早到晚地找工作，参加了数不清的面试，因为找不到工作我觉也睡不好、饭也吃不下。

咨：这样看来，你的问题似乎已经影响到你的休息和饮食了。

访：是的，身体也越来越多毛病了。

咨：我想你如果按正常的作息时间去生活，有适合自己的工作才去投简历和参加面试，并且学会放松自己，多给自己些娱乐的时间，那样也许对你的身体会更好些。

访：虽然这样说，但那样找到工作的机会就更小了。

咨：我想你在身心疲惫的情况下，反而更加不能在应聘的过程中展现自己的真实能力和水平，这样的话，对找工作也是不好的。如果能学会放松自己，把精神状态调整好了，也许工作就来了。

六、逻辑推论

即根据所搜集到的关于求助者的信息，运用逻辑推理，引导求助者认识其思维和行动可能导致的结果。逻辑推论的技术很多时候用于改变方案的分析，根据求助者现在的行为，工作人员可以推导出行为结果，如果求助者现在的行为是不合适的，则可以推导出不好的结果，进而让求助者认识到自己的现状和行为的性质，认识到自己的行为可能导致失败或不良后果，从而产生改变的欲望和动机。运用逻辑推论的技术，工作人员应尽量让求助者参与其中，引导其自行作出推论，可以这样提问：“如果……的话，会有怎样的结果呢?”

[案例6－17] 逻辑推论技术的运用

咨：你昨晚想从这里出去，但没有成功?

访：……

咨：长时间待在同一个地方，也许是比较无趣。

访：……

咨：想家了吗?

访：我想出去找妈妈。

咨：我知道你很想念妈妈，救助站的工作人员也一直没有放弃帮助你尽快回家，但还是需要一些时间。你明白吗?

访：我会受到惩罚吗?

咨：根据救助站的规定，还是会有一些小的惩罚，但你不用担心。以后呢，以后还会这样做吗?

访：我想快点回家。

咨：我们一起来分析一下，如果你留在这里，你也许很快就可以找到妈妈了，并且这里能保证你的安全，你不会挨饿，有许多小朋友跟你一起玩，还能学习到知识。但是如果你又试图逃出救助站，那会有两种结果：一种是你没有逃出去，那么你可能要接受惩罚；另一种结果是你逃出去了，但是你不知道妈妈在哪里，身上又没有钱，就更加不可能尽快回家了，而且还很可能会遇上坏人呢。你说是这样吗?

逻辑推论其实也是在为求助者提供一种新的思维方式，引导其从不同的角度思考自己的问题和行为的可能结果。对于理性思维能力较强、自控能力较好的求助者来说，这是一种十分有效的技术。

七、面质

面质不是告诉求助者的错误或个性、品行上的缺陷，而是直接指出求助者言谈中出现的不一致或矛盾的地方，并通过讨论，促进其对自己的问题的察觉。

面质可以在求助者言行不一致、理想与现实不一致、前后言语不一致以及自我评价与工作人员意见不一致时使用，从而使其发现自身认知和行为等方面的不一致和不协调，并敢于正视这些矛盾。

[案例6－18] 面质技术的运用

访：我明天就回家去，不会再来了。

咨：你能这样想我很高兴，可是我发现你每次都有这样的决心，但最终还是留了下来。

访：我想我现在还能干活，就挣钱给儿子花吧，他们也够难的。

咨：我听医生说你的身体不大好，不适宜太辛苦了。你曾说希望儿子能在这个城市安顿下来，有自己的房子，是吗?

访：要是能这样就好了。

咨：可是你知道，这个城市的物价是比较高的，你是否期望过高了呢?

访：能挣多少是多少吧。

咨：前面我们还讨论了发生在你家的那个故事，你是否认为拼命工作就能重新取得家人的信任，弥补自己以前所犯的错误和对他们造成的伤害？

面质的目的是启发求助者，使用面质的技术应注意：面质必须以良好的咨访关系的建立为基础，否则可能会使求助者感到压力或不被接受；要谨慎小心地使用，并要选择适当的时机，还需要以事实为根据，避免发泄个人情绪和无情攻击。必要的时候，咨询者可以使用尝试性面质，因为对求助者的面质常常会给其带来极大的震撼和冲击，如果使用渐进的方式，从他能接受的浅层次缓慢导入较深层次，这样既能帮助求助者领悟浅层次的东西，又能为深入的面质做好心理准备。

需要注意的是，面质需要结合共情、尊重、温暖、真诚等技术的使用，以免对求助者造成冲击，破坏咨访关系。

八、影响性概述

即把自己所叙述的观点、意见经组织整理后，简明扼要地表达出来，帮助求助者加深对工作人员意见的印象。

影响性概述通常在会谈中间或结束时使用，如在这次会谈中工作人员谈到了哪些方面的情况，对于导致这些情况的原因，是如何分析的，分析的结果是什么，通过会谈有了什么新的认识和领悟，往后将准备怎样行动等。

应注意的是，概述的条理要清晰，要把握全局、突出重点。

第七章
典型案例与效果分析

第一节　原始型流浪乞讨人员的典型案例

[**案例** 7－1]

[**基本情况**] 刘某，男，32 岁，湖南人，未婚，2009 年 3 月来到广州，以前在玩具厂做工，因为效益不好就换了工厂。后来，又换了几次工作，越换越不满意，不得已开始流浪。其实这样的生活已经持续了一两年，家中有 65 岁的父亲，母亲已经过世十几年。自初中毕业后他一直在外面打工，家庭贫苦，但家里人对他还不错，即使在外面没有挣到钱，家里人也不会埋怨，反而安慰他。在流浪的日子，经常是捡别人的饭吃，有时会捡一些垃圾卖钱。觉得自己没有什么目标，也不知道自己想干什么，对未来感到很失望，心情低落，认为即使找工作，这样的经历也会受到别人的歧视。也想回家做买卖，但是资金匮乏，加上自己又没有什么商业头脑，没有经验，怕做不好。在救助站里，觉得还算可以，生活各方面都比外面好很多，感谢政府对自己这类人的照顾。现在很想回家，不过更希望找到稳定的工作，也想学一些技术，强调如果有这样的机会的话，自己一定会好好珍惜。对自己的评价不高，认为自己是一个能力很一般的人。比较喜欢随意的生活，不想被管得太严，当然也不能太散漫。觉得人生最开心的事就是一年能挣上个一两万块钱，作为打工仔来说是相当满意的了。

[**分析**] 求助者之所以走上街头以拾荒为生，主要是因为对现状的不满，

同时又想不出有效的方法去处理，对于将来要如何去生活没有明确的规划，并且自信心不足，但是有良好的家庭支持系统，并且对技术很钟情，认为有一技之长做什么都有信心，把对未来的希望寄托于技术上，思维有些狭隘。从了解的情况中得知，求助者的性格比较随意，自我控制能力较差，而且目前的情绪比较低落，自我评价不高，使之对现实缺乏控制感。虽然没有具体的行动计划，但是自力更生的动机比较强烈，而且根据观察，求助者的讲话得体，在专业人员的帮助下，可以在社会上自立。

［**处理方法**］根据求助者的具体情况，运用求助者中心疗法。该疗法的根本理念是：人是可以信赖的，人有很大的潜能，人能理解自己并解决自己的问题，而不需要咨询者进行直接干预；如果他们处在一种特别的咨询关系中，能够通过自我引导而成长。首先，对求助者的经历保持好奇，通过倾听、共情与他建立良好的关系，让他感受到被尊重、被关注和被理解。然后，通过对话体现求助者中心疗法的基本理念：①自己是自身问题的专家。充分让求助者去谈自己的问题，以及当时的认知与情感，相信他是对自己的问题最了解的人，咨询者在谈话的过程中要用言语或者非言语交流设身处地地理解当事人。②相信求助者可以解决自己的问题。在咨询的过程中，让求助者重新体验以往成功的经验，增加求助者的正性情绪体验，增强处理问题的信心，同时也相信求助者对于当前的情况，是有能力去处理好的。③引导求助者展开对未来生活的想象，协助他对未来做具体的计划，鼓励他付诸实际行动。

［**效果**］咨询后，刘某觉得心情舒畅了许多，也意识到自己理想与现实差距太大是造成现状不乐观的原因，他打算出去后向朋友借一些钱去学习车床技术，然后找一份满意的工作，不再给社会造成负担，希望能用自己的辛勤劳动养活自己。

［**需注意的问题**］①与求助者对话时以对方为主，积极倾听，无条件积极关注、真诚并且设身处地地理解他，这样才能建立良好的关系，也是咨询效果好坏的关键。②把求助者作为一个值得坦诚相待的人来对待，并且持有一种非评价性的态度。③咨询过程中，咨询者并不固定自己的角色，就意味着在咨询中的表现如同他在现实生活中的表现一样坦率，即使他们是职业的心理咨询师，但并不会把自己隐藏在职业咨询师的角色之内，而是继续保持与目前的情感和体验的和谐，并交流自己的情感。

[**案例** 7 -2]

[**基本情况**] 杨某，女，28 岁，甘肃人，已婚，有一子。家住农村，非常贫穷，一般是靠天吃饭，近年来收成都不太好。2009 年 6 月丈夫来广州打工，主要给一家公司送水。同年 10 月，自己带着 5 岁的儿子也来广州找工作，不幸的是连续找了十几天都没有找到。在城市里要生活下去，实在是不易，本来想着来这里是要挣钱的，现在反而继续花丈夫的老本。看到街头上有些妇女领着小孩讨钱，于是就抱着试一试的心态，也领着儿子在天河区体育中心附近讨钱，没想到每天的收入还不错，打算一直讨下去，过两年供孩子上学。在救助站里情绪烦躁，急着出去。

[**分析**] 求助者的经济状况决定其在这个社会中的弱势地位，生活在农村没有学到一技之长，到城市务工是有一定难度的。加上其文化程度比较低，对社会上的不良现象缺乏鉴别力，导致了模仿行为。因为乞讨给她带来了一定的收入，暂时缓解了目前的困境，这一结果又强化了她这一行为。由于家庭贫穷，对金钱有强烈的欲望，根据马斯洛的需要层次理论，当人的基本需要得不到满足时，像自尊、自我实现等就处于次级地位。求助者只考虑到乞讨行为的积极后果，但没有认识到其乞讨行为对自己尤其是对孩子将来的生活将会产生不利影响。在救助站表现出的一系列情绪问题，主要是因为耽误了去外面讨钱的时机。对于这样的乞讨者，工作人员应该以理解、同情的态度与其进行交谈，让她认识到乞讨行为对其自身及孩子的不利影响，以更加辩证的态度来看待自己的行为。

[**处理方法**] 根据求助者的具体情况，采用认知行为疗法与求助者的不合理信念进行辩驳，帮助其建立新的认知系统。首先，与求助者建立良好的关系。咨询者与求助者是一种合作的关系，利用心理咨询的基本技巧，如共情、解释、无条件积极关注等试图理解求助者的乞讨行为。其次，使求助者认识到其不合理的信念。在治疗过程中，咨询者扮演着诊断者和教育者的双重角色，即对求助者的问题及背后的认知过程要有一个全面的认识，并引导求助者对她的问题及其认知过程有一定的认识，安排特定的学习来帮助求助者改变其不适当的认知方式。对于求助者来讲，她不是处于一个被动接受的位置，一方面她要对自己的认知过程和不正确观念加以细致的体验反省；另一方面，也要发挥自己在其他问题上尚有的正确认识事物的能力来解决目前的问题。在这个案例中，求助者有“只要挣到钱，做什么都无所谓”的思想，咨询者要对其不合理的信念进行辩驳，并且引导其认识到这种行为对自己及孩子的

不良影响，特别是对孩子的自尊、价值观的消极影响，提高其作为人母的责任心。最后，帮助其建立合理的信念，虽然钱很重要，但人活在这个世上不仅仅是为了钱。从求助者的角度出发，和求助者一起去找到切实可行的维持生存的方法，并且增强其自力更生的信心。

[**效果**] 经过咨询，杨某的情绪状况得到改善，并下定决心等出去之后，从最基层的工作做起，到饭店帮忙洗碗，薪水低些也没关系，先维持基本的生存，之后改变一下形象，再找好的工作。以后不管再苦再累，都不会让孩子跟着自己一起去乞讨。

[**需注意的问题**] ①在咨询过程中，虽然咨询者也扮演着教育者的角色，但不是简单、机械地向求助者灌输某种理论，而是引导求助者对自己存在的问题有一定的认识。②求助者的有些观念可能是根深蒂固的，咨询者在咨询的过程中一定要有耐性，进程要与求助者的认识改变程度相符。

第二节　残疾型流浪乞讨人员的典型案例

[**案例 7－3**]

[**基本情况**] 王某，30 岁左右。右眼失明，有残疾。他是第一次外出乞讨，主要是希望能给孩子攒一些学费。家里有两个孩子，都在上学，其中一个读初中，一个读高中。

王某以前在村里是办丧事乐队的一名面员，吹笙的技术很好，加上当时孩子还小，日常生活开销不多，所以基本能够担负起家里的开支。但后来随着火葬的普及，很少人再去请他们，前两年乐队就解散了。现在孩子的学费也比较贵，仅靠家里几亩田地的收入已经无法支撑家庭的开销，所以计划外出挣钱。以前也曾尝试过打工，但由于视力问题，均被拒之门外。后来听一个老乡说在外流浪卖艺能挣钱，就同老乡一起到了广州。但他用吹笙的方式乞讨时，并没有赚到很多钱，便来到了救助站。对将来的打算：希望能够找一份适合自己的工作，攒钱养家。在谈及家庭的困难时，表示很愧疚、伤心。他说当初外出时只是跟家里人说是去打工，家里人并不知道他是在乞讨。

访谈时的观察：王某穿着整洁，衣服和鞋都很新。举止坦诚，声音洪亮，精神状态良好。

[**分析**] 王某的行为主要是由贫困的家境引起的，同时身体又有残疾，在

找工作方面确实存在一些困难。当看到老乡在外面乞讨也能挣钱时，便也想尝试一下，有明显的从众心理。在交谈过程中，情绪较低落，特别是提到自己没有办法支撑一个家庭的开销时，落下了伤心的泪水。

[处理方法] ①在与王某进行交谈时，主要采用平等倾听的方式，让其能够将心中压抑的情绪得到宣泄，以建立良好的交流关系。②采用引导其思考的问话方式，让他看到问题并没有想象中那么严重，并不是说只有流浪乞讨这一条路可以选择，还是会有其他的工作方式，也让他意识到孩子和妻子对他的关心和支持。③让王某看到自己努力为家庭付出的一些成效，如孩子可以坚持上学，并且成绩不错等，并让他回顾以前的一些成功解决生活困难的经历来重新寻求更好的方法，如通过残联帮忙找到一份工作。同时针对王某的从众心理，利用他目前的生活经历来说明并不是所有事情都能在跟从别人的情况下取得成功。

[需注意的问题] 在与初次到救助站或者是第一次外出流浪的人员交流时，需要加以更多的关注，他们可能是真的由于经济问题而外出，或者只是盲目地跟从他人，这时比较容易将他们的生活态度转变，通过引导他们谈及以前的一些生活经历，特别是一些成功的经历，更容易让他们调整情绪，以积极的态度去面对生活，从而放弃流浪乞讨，去谋求新的生活道路。

[案例7－4]

[基本情况] 女，70多岁，右小腿残疾。外出流浪已经有十几年。在十几年前，老伴身体瘫痪，冬天北方很冷，就想着到广州来，暖和一些，也可以给老伴洗澡，有利于身体的康复。但是当他们到广州时，老伴说口渴，她就去买水，结果在火车站迷路了，过了两三天也没有找到老伴。由于与老伴走散，就不敢回家，一方面是担心老伴，希望能找到他；另一方面是怕别人说她是嫌弃老伴而把他抛弃了，所以就一直在广州流浪乞讨。

五年前有一次在人行道行走时，她被一辆汽车撞伤，在海珠医院进行了医治，但小腿落下残疾。医院的人也得知了她的情况，所以她就开始主要在医院附近流浪乞讨，有很多好心人都帮助过她。她感觉自己一生都在受苦，有时觉得死反而是一种解脱。前一段时间生病，借了老乡几十元钱，现在还没有还。

访谈时观察：该流浪乞讨者情绪激动，衣着破烂，精神不佳，声音低沉。

[分析] 该流浪者由于没有儿女，与老伴相依为命，由于经济困难、老伴

患病等因素而外出，在广州走散后，因牵挂老伴而在广州以乞讨为生，一直不敢返乡。在流浪乞讨过程中她很感激那些帮助过她的人。因此，她目前很需要调整情绪及对社会的看法。

[**处理方法**] 本案例主要采用求助者中心疗法，让她的情绪能够得到宣泄，同时也会与她提出的一些不合理的想法进行讨论。首先，通过倾听、共情等基本咨询技术与她建立起良好的关系，对她的生活经历表示同情和理解。然后，针对她的“一生都在受苦”及“死亡是一种解脱”观念进行分析和讨论。让她回顾以前生活中快乐的细节，使情绪得到平稳。同时和她讨论目前的生活状态及可以求助的社会支持系统，特别是政府方面，如是否可以得到一些低保补贴。

[**需注意的问题**] 对于老年流浪乞讨者，更需要耐心地去倾听他们的生活经历，并能以平等的方式与之进行交流。在他们的生活中，特别是在流浪乞讨的过程中，肯定也有不少的酸甜苦辣，体验到了不少的人情冷暖。并且随着年龄的增长，对世界的看法也发生了转变，更多的是以听天由命的态度去对待生活。这时需要以关怀的方式让其体会到身边人的关爱，这样有助于其形成积极的生活态度。

第三节　职业型流浪乞讨人员的典型案例

[**案例 7－5**]

[**基本情况**] 张某，男，22 岁，山西人，小学文化，智力正常，因患小儿麻痹症，双腿略有变形。父亲是个小煤矿老板，家境良好。父母离异，因与后妈不和，14 岁离家出走，以乞讨为生。多年乞讨攒下了一些积蓄，日常生活不成问题。现在在广州租了房子，仍以乞讨为职业，生活也算“无忧无虑”。2009 年与一女子相恋，但女方家里不同意两人交往，嫌弃他是个乞丐，没有体面的工作，没有稳定的经济来源，张某被迫与女友分手，之后情绪一直非常低落，无法接受这一现实，经常借酒浇愁，觉得生活失去了意义。

[**分析**] 根据马斯洛的需要层次理论，人的需要是分等级的，由低级到高级分别是：生理的需要、安全的需要、归属和爱的需要、尊重的需要、自我实现的需要。高级需要会在低级需要得到满足或者部分满足后产生。然而，对于职业乞丐来说，乞讨这个职业只能满足其低级的生存需要，当他们追求

尊重、追求归属和爱等高级需要的时候，乞讨这个被主流价值观排斥的职业就会大大阻碍他们的发展。年轻的职业乞讨者多半经历过家庭的不幸，没有或者较少接受过正规学校教育。显然，乞讨能够帮助他们生存，但是无法帮助他们更好地生活。虽然多年的乞讨经历让乞讨变成了一种习惯，但他们仍然是最有可能回归主流社会的乞讨者。然而，如果他们继续安于现状，不思进取，只会在相同的问题上不断重复着挫败，无法获得社会认同，缺乏情感关怀，饱受消极情绪的困扰。张某遭遇到的情感挫折就是很好的一个例子。

[**处理方法**] 本案例采用现实疗法，强调责任和控制感。首先，通过倾听、共情与案主（张某）建立良好的关系，让他感受到被关注，被尊重，被陪伴。其次，通过对话体现现实疗法的基本理念，第一，人是自主和自决的，人的行为和生活方式是由人自己选择的。张某现在已经是一个成人了，身体健康，虽然腿脚不太方便，但并不影响行走，并且经济已经独立，有了一笔数目不少的积蓄，他已经不像小时候那样无助，拥有控制自己生活的能力。第二，对自己的行为负责。个人的表现是由自己选择，也可以由自己来改变的，张某应该意识到自己以乞讨为职业的后果，如果想获得尊重、获得爱情，就必须有所改变，否则就要承担失去的痛苦。最后，引导张某展开对未来生活的想象，比较理想生活与现实生活的差距，并制订具体可行的计划，鼓励其付诸实践。

[**效果**] 经过咨询，张某的失恋情绪得到宣泄，也意识到自己的职业对生活造成的负面影响，改变欲望强烈。他打算用一部分积蓄去学习电器修理技术，找一份合适的工作，重新开始生活。

[**需注意的问题**] ①与求助者对话的时候应该尽量表现出真诚和尊重，这是获得信任的前提，只有建立了良好的关系，谈话才能继续进行。②在制订计划的时候，应该具体可行。改变现状对任何人来说都是不易的，对于求助者的积极态度和行为都应该给予及时的鼓励和支持。③避免生硬的说教，运用实例来引导求助者积极地思考，让“道理”从案主的口中说出来，这样辅导的效果更佳。

[**案例 7－6**]

[**基本情况**] 王某，男，55 岁，河南人，家在农村，有三亩地。40 岁时离异，有一女，在杭州工作。王某解决温饱不成问题，但觉得一个人在家闷得慌，去年把地租给了别人，自己来广州打工。因为年纪大，工作不好找，

看到同乡通过乞讨赚钱，自己也效仿了起来。王某称自己也没想要赚多少钱，只想证明自己还是个“有用”的人。他与女儿沟通少，但感情很好，从不跟女儿提起自己在外面乞讨的事情，觉得会令女儿丢脸。王某称，每次出去“要饭”的时候，伸出手“心里都在发颤”。他本身也有高血压，知道在外面流浪不是长久之计，但又觉得回家很孤单无聊，所以，内心很苦恼。

[**分析**] 老年人的物质需求是很低的，更注重的是精神上的满足。本案例中的王某，乞讨并非以赚钱为目的，而是觉得闷得慌，自我认同感较低，想通过工作证明自己是“有用”的。王某中年离异，缺乏情感依托，女儿虽然孝顺，但时常不在身边，其内心是孤独的。另外，老年人属于弱势群体，各方面生理状况都比不上年轻人，所以在城市找工作是缺乏竞争力的，尤其是需要体力的工作。从王某的言辞看出，乞讨让他产生了强烈的羞愧感，并不符合他“劳有所得”的价值观，长此以往，王某的身心会受到严重的伤害。

[**处理方法**] 本案例主要采用认知疗法，针对王某的一些不合理信念进行辩驳。首先，对王某的情况和心境表示理解，通过倾听、共情等基本咨询技术与其建立起良好的关系。接着，针对王某的“有用”观念进行分析和辩驳。怎样的人才是“有用”的？还有什么方式可以证明自己是“有用”的？最后，鼓励其寻求女儿的帮助，主动争取社会支持。

[**效果**] 王某通过倾诉宣泄了内心压抑的情绪，逐渐接受了自己这个年纪必须面对的社会现实，内心的不满有所减少，开始计划与女儿商讨“续弦”的想法。

[**需注意的问题**] 与老年人交谈的时候，应保持礼貌的态度，且以情感关怀为主，避免直接说理，以防引起反抗的情绪。

第四节 流浪儿童典型案例分析

[**案例** 7－7]

[**基本情况**] 女，15岁，江西人。进行咨询时已到救助站两个月，两个月前与一同伴一同离家出走，想到广州打工，到广州后被出租车司机骗到某处，第二天趁其不注意逃了出来，求助于警察，然后被警察送入救助站。

求助者自述在救助站这一段时间以来，虽然这里的条件不错，工作人员待她也很好，并且与救助站里的其他小朋友相处得尚算愉快，她却经常感到情绪低落、压抑和烦躁，每天都会忍不住哭泣，不想与他人交流，对救助站里的活动也不感兴趣，两周前还曾出现用圆珠笔试图自伤的行为。

当问及其家庭情况时，求助者出现了明显的抗拒，声音放低，吞吞吐吐，似乎不愿提及，经反复引导才缓缓道来。求助者出生于江西省的一个乡村，父母都是农民，从爷爷那里得知，出生时家人因为自己是女孩曾经考虑将其送给他人抚养，虽然最终没有送走，但爷爷奶奶和母亲一直都不喜欢自己，特别是弟弟出生后，全家人都十分关心弟弟，对他百般迁就，只有父亲对自己一直都很疼爱，所以对于家的感觉就只有父亲了。三年前父母离婚，自己和弟弟都跟随父亲一同生活，离婚后的父亲发生了极大的变化。求助者努力学习，但成绩不好，尤其是数学成绩不好，当考试成绩不好或跟同学出去玩得太晚了，父亲就打骂自己，开始的时候力度较轻，后来下手越来越重（可以观察到求助者手臂上的伤痕），两个月前在一名有着相似家庭问题的同学的怂恿下，趁上课之际一同离家出走，到了广州。

求助者边哭边讲完了家庭情况后发现，爷爷奶奶对自己的态度，她一点都不介意，似乎他们不是自己的家人；对于母亲的重男轻女思想，她感到十分怨恨，说弟弟想要什么都行，而自己过年想要条裙子都不给买，所以对于父母离婚、母亲离家的事情，她甚至是十分高兴的，并表示“我再也不愿意见到她了”，可见母亲对其伤害之大。求助者完全不能理解父亲在离婚前后的行为变化，说他简直就是变了个人，动不动就又骂又打，自己实在是忍受不住才离家出走的。现在非常后悔，知道自己做错了，但是又不敢回家，一方面害怕父亲又对自己严加打骂，另一方面觉得自己对不起爸爸，也担心回家后学业跟不上，感到自责和内疚，对于回不回家感到十分矛盾。

访谈中的观察：访谈中观察到该求助者情绪较为低落，低着头，一直在哭泣，话语不多，身体动作也不多，对于访谈的问题反应较为缓慢，语速不快，声音低沉，整个精神状态感觉不佳。

［**分析**］由于自小在家中不受重视，感觉自己是多余的，甚至连自己的亲生母亲都不爱自己。家庭是儿童成长的摇篮，来自父母无条件的关怀和爱是他们健康成长的必要条件，而这位求助者从小就生长在一个缺乏爱的环境里，饱受冷落，在她的内心里可能也会感到自己似乎是多余的，是不该存在的。与周围的其他小朋友相比，特别是与自出生以后就受到百般宠爱的弟弟相比，她显得那样的渺小和不重要，她感到自卑和自责，她的内心也许感觉是因为自己做错了什么，所以家人总是在惩罚她，因此她不断地努力，在学习上努

力做一个好学生，在生活中做个听话的好孩子。然而，所有的这些努力似乎都不能唤起母亲对她的爱，所以她转而对母亲产生了强烈的怨恨情绪，这就不难理解为什么父母离婚后，求助者感到高兴和自由了。

父母离婚后，求助者本以为可以与弟弟一同分享来自父亲同等的爱，然而离婚后的父亲可能一时无法适应独自养育子女的生活，面临着经济和养育子女的双重挑战，再加上其文化水平限制，也缺乏正确的教育方法和技巧，所以对于女儿成长中的问题便使用了打骂的方式，而不是采取有效的沟通。正处于叛逆期的女儿，一时不能理解父亲的行为变化，以为一直爱着自己的父亲不再关心自己了，她感到痛苦和无助。而且这一年龄段的青少年容易被同伴影响，求助者正是在这样的情况下跟随同学一同离家出走了。

进入救助站后，求助者一方面想念父亲，觉得自己的行为是错误的，感觉内疚和自责；另一方面又害怕回家后父亲会继续打骂自己，担心自己始终不能达到父亲的要求，对自己的前途和方向感到迷茫。因此，她对回不回家的问题产生了矛盾的心理，这种心理持续下来，导致了求助者心情低落、兴趣缺乏和自责自罪的心理和行为表现，甚至出现了自伤的行为。

[**处理方法**] 求助者出现了心情低落、思维迟缓、意志减退等抑郁症的核心症状，并且出现了自伤的行为，咨询中应当首先评估其自杀风险，排除了自杀的可能性后，再处理其情绪问题，鼓励其多参加各种活动，应用支持性疗法让她感受到来自咨询者的关心，而这正是她一直缺乏和需要的。运用认知疗法让她认识到父亲是爱她的，只是爱的方式出现了一些偏差。随着咨询的进行，等咨访关系建立得较稳固了，可以询问其家人的联系方式，可能的话，还可以做一个家庭治疗，促进求助者和她整个家庭的健康成长。

[**案例 7－8**]

[**基本情况**] 男，13 岁，湖南人。进行咨询时已到救助站半年，半年前因与几名同伴偷东西被警察抓获，因为联系不上求助者的家人，所以被送入救助站。

求助者自述在救助站的这半年来过得很好，跟工作人员和这里的小朋友都相处得不错，但就是感觉缺乏自由，不能去想去的地方，特别是不能上网。

求助者似乎特别抗拒谈及家庭，当咨询者要求他谈谈他的家人时，他表现出一脸愤怒："谈这个干什么！"在咨询者缓缓诱导下，他谈到了家中的一些情况：求助者家住湖南省的一个乡镇里，自小母亲很疼他，父母却经常吵架，前几年父母离异了，自己跟随父亲生活，父亲很快娶了继母，继母生了妹妹。父亲和继母现在在广州打工，求助者不喜欢继母，也不喜欢父亲，说“爸爸又凶又打我，特别是来到广州后，打得更厉害了”，怨恨父亲，喜欢亲母，想跟随亲生母亲一同生活。当问及父亲为什么打他，他说不知道，无缘无故的也会打，曾寻求过居委会等组织的帮助，可是父亲还是改不了打他的习惯，“劝他没用，他嘴上说说，没用的”，已然对父亲失去了信心。求助者表示自己喜欢上网，整天泡网吧，总是从家里拿钱出去上网。爸爸曾让他停学一个学期，咨询者问他知不知道为什么，他说：“不知道为什么，问他也白问。”放假时经常拿家里钱在外上网，住朋友家。上网通常与人聊天，还交过网友，曾经到东莞去见网友，但是没见到。另外当问及有些什么朋友，与这些朋友一起都做些什么时，求助者表示那是他与朋友间的秘密，不能告诉他人。当被问及对于未来有什么打算，求助者表示要继续玩、上网，还要学习文化知识，打工、挣钱，不像父亲那样只能做苦工。

访谈中的观察：该求助者精神状况尚好，思维清晰，言语流畅，但对于访谈却不大配合，特别是问及其家人时，表示不愿谈及，当问及朋友时，明显想要隐瞒和遮掩。求助者对于家庭似乎没有任何的眷念，对于继母，尤其是父亲，更是流露出强烈的愤怒情绪。而每当谈到网络时，他便显得格外兴奋，当谈及其朋友时，甚至表现出感激之情。

[**分析**] 从咨询者收集到的资料和救助站工作人员反映的信息来看，该求助者因自小就经常目睹父母争吵的场面，这种家庭关系的不和谐对他来说一开始就是一种伤害，世界上与自己最亲的两个人的争吵，让年幼的孩子感到不安全，感到恐惧，他也许会害怕什么时候父母会离他而去，也许会认为父母的争吵是因为自己的过错，然而这种争吵持续下去，孩子就开始变得习惯和冷漠，并且开始倾向于与自己更亲近的母亲，开始认为是父亲的过错，是父亲在欺负母亲。而当父母离异后，求助者对于父亲的这种愤怒就更加强烈了，仿佛是他赶走了爱着自己的母亲。求助者对父亲的这种愤怒更是明显地表现在行为上，出现了逃课、偷窃等不良行为。这些不良行为又导致或加剧了父亲对他进行体罚的行为，如此恶性循环，导致父子关系近乎破裂。而求助者作为一个儿童，其倔强的性格背后，其实是对来自父母的爱的渴望，是对来自父亲的关注的渴望，破裂的家庭对他的伤害是很大的。

随着网络的普及，网络对于我们尤其是青少年的影响越来越大，该求助者在家庭破裂的情况下，接触到了网络，进而深陷其中，通宵上网，偷钱盗物来付网费，还独自外出约见网友，并因此与父亲发生冲突。其父亲对于求助者的不良行为缺乏正确的教育方法，只是采取了打骂的方式，这更是激化了求助者的愤怒情绪和不良行为。求助者在经历了许多挫折后，仍然不知悔改，表示想出去上网，可见网络对其毒害之深，需要采取必要措施对其心理和行为进行调节。

该求助者还表示自己有许多朋友，其实都是社会上一些不良青年，他们利用有行为问题的孩子的无知和对自己的崇拜，施以小恩小惠，指使这些孩子干一些小偷小摸的事情，并与他们作出所谓的君子协定，不将自己的情况告知警方。该求助者本身就有家庭问题和一些不良行为，所以更加容易被社会上的不良青年所利用。

[**处理方法**] 该求助者精神状态良好，在认知、情绪、行为以及与人交往上都正常，要促使他更好地成长，工作人员应从其问题的根源——家庭关系入手，利用支持性疗法让他感受到关爱；创造良好的会谈环境深入交谈，引导其宣泄郁积已久的情绪，尤其是要了解和正视自己对父亲的感情，可以运用一些技术，如空椅技术，帮助他了解自己与父亲矛盾的原因和学会站在父亲的角度看问题；运用认知疗法让他认识到自己的一些不合理的观念；而对于其网络成瘾的问题，工作人员可以尝试使用行为疗法结合认知疗法促使其作出改变，可能的话，还可以让他的家人，尤其是其父亲，参与到治疗中来。

第五节　跑站型受助人员典型案例分析

[**案例 7-9**]

[**基本情况**] 2009 年 4 月 14 日上午 9 时许，在办理离站时，冯某看到自己火车票的目的地是郑州，而且已盖上“政府救助，禁退禁卖”，当即辱骂工作人员，称盖上“政府救助，禁退禁卖”的乘车凭证是对他们人格的污辱，购买的火车票不是直达他所在的城市，这是救助站故意在刁难他，一定要讨个说法。

很快，不到 3 分钟的时间，随后的 5 名受助人员也一起加入吵闹的行列。工作人员一再解释说往北的火车票统一买到郑州，到郑州后再找郑州救助站帮助他们回家。但该 6 名受助人员不但不听工作人员的解释，还在救助区内大吵大闹，对救助区内的其他受助人员造成滋扰，并打烂救助区内的电话，破坏门窗。要求救助站站长出来与其对话，否则就不罢休。

6名受助人员情况如下：①赵某，男，26岁，黑龙江省双鸭山市人；②刘某，男，26岁，吉林省德惠市人；③王某，男，31岁，辽宁省凤城市人；④田某，男，18岁，吉林省松原市人；⑤冯某，男，21岁，河北省保定市人；⑥宋某，男，22岁，吉林省长春市人。后来在救助站领导和区长的解释劝说下事情暂时平复下来，但他们有一个要求，现在肚子饿了，要求每人给5包方便面，工作人员当即满足了他们的要求。

下午1时许，6名受助人员再次聚集在救助区门口，要求见站长，并敲打值班室的门窗。随后救助站领导来到救助区，分别先后与4名受助人员（刘某、王某、田某、宋某）逐一谈话，经过积极沟通与协商，4名东北籍受助人员的返乡问题得到解决。随后救助站的工作人员为这4名受助人员办理离站手续，并在救助站的统一安排下分别派车送他们离站。

当天下午15时30分左右，冯某和赵某强行冲出救助站，随后又返回救助站门岗抢去一只木凳用以袭击工作人员，被工作人员和保安及时制止。随后救助站科长耐心地教育了冯某殴打工作人员和报假名的错误行为，经过教育，冯某认识到自己的错误并报出了自己的真实名字。

随后救助站经过核实后为冯某购买了返乡车票并派车送其到火车站乘车。而受助人员赵某因认识到自己的错误而自行离站。

[分析] 跑站的受助人员之所以如此胆大妄为，主要的原因是没有法律的限制。受助人员一般会控制吵闹的程度，不至于达到法律制裁的限度，同时，又怂恿其他受助人员闹事，如果控制不好，极易造成一定的伤害。这些一起跑站的人员，大多是分批、分时间入住同一救助站，等大家都到齐后，就故意挑起事端，制造矛盾，引起动乱，例如佛山就曾出现过一次出动几十名警察来维持安全检查的事件。

[处理方法] 处理多人跑站事件时，首先要做的是了解清楚谁是“大哥大”，其次是分化、瓦解对方，孤立“大哥大”，最后“冷却”带头人，处理事件。本案中的主角是冯某和赵某，两人都虚报个人情况和资料。

第八章
社会工作在救助管理中的应用

第一节　社会工作在救助管理中的地位和作用

一、救助管理中的社会工作理念

（一）社会工作的理念

社会工作是以助人为宗旨，运用专业知识、理论和方法，协调社会关系，预防和解决社会问题，促进社会公正的专门工作。社会工作价值观以人道主义为基础，充分体现了热爱人类、服务人类、促进公平、维护正义和改善人类与社会环境关系的理想追求，激励和指导社会工作者（以下简称“社工”）的具体工作。社会工作界把社会工作价值观归纳为以下 6 个方面：①服务：社工应当超越个人利益为他人提供专业服务。②社会公正：社工追求社会变革，特别是与弱势群体一起努力，并代表他们寻求社会变革。③个人的尊严和价值：社工对每个人都给予关心和尊重，意识到个体的差异和文化及种族上的多元性。④人类关系的重要性：社工认识到人类关系和群体内部关系是重要的变革工具。⑤诚信：社工始终意识到专业的使命、价值观、伦理原则和伦理标准，并用与之相适应的方式开展实际工作。⑥能力：社工不断致力于增进专业知识和技能，并运用到实际工作中。在操作层面上，社会工作价值观可以概括为以下原则：接纳、尊重、个别化、自决权和知情同意、保密、不批判。

（二）救助管理中的社会工作理念

2003年国务院公布了《城市生活无着的流浪乞讨人员救助管理办法》（2003年6月20日国务院令第381号公布），民政部发布了《城市生活无着的流浪乞讨人员救助管理办法实施细则》（2003年7月21日民政部令第24号）。这两个文件的出台，标志着新的救助管理制度正式确立。救助站的主要服务对象是城市生活无着的流浪乞讨人员，他们大体可以分为两类：一类是流浪乞讨人员主动向救助站求助，无偿接受法定服务；另一类是救助站主动救助流浪乞讨人员。新制度的确立突出强调了其社会救助取向，新制度以“自愿受助，无偿救助”为基本原则，为城市生活无着的流浪乞讨人员提供生活救助，保障其基本生活权益，维护其人格尊严。这表明政府对城市生活无着的流浪乞讨人员的救助由管理型转变为服务型和救济型，体现了党和政府“以人为本、执政为民”的理念。随着对流浪乞讨人员实施救助理念的改变，服务和管理的目标也不再只是改进和维护社会秩序，而是使流浪乞讨人员在获得物质救助的同时，得到精神方面的提升和社会功能的恢复，摆脱生活困境，或减轻生活困境的负面影响，过上正常的生活。社会救助工作作为一项人文实践，除了关心人、帮助人之外，还应注重人的身心发展，关注人的命运改变，最终实现人与人、人与社会之间的和谐发展。救助站的社会工作，其使命就是让一个个具有感性生命的人，在获得社会帮助的互动过程中，成为对自己、社会、生活负责的，体魄和精神都健全的人。救助站的社会工作是以助人为宗旨，运用专业知识和方法对流浪乞讨人员提供帮助，包括情绪疏导、心理咨询、行为矫治和困难救助，是行政管理和社会服务互为补充、协调社会关系、预防和解决社会问题的措施。

二、社会工作在救助管理中的重要作用

（一）社会工作在救助保护流浪少年儿童中的独特优势

社会工作是指持有“利他主义”的助人理念，以科学的知识为基础，用科学的方法助人的社会服务活动。社工则是经过社会工作专业教育或训练，从事社会工作专业研究、教学和实际工作的人员。在救助流浪少年儿童这类

弱势群体方面，社工有着重要作用和专业优势。

一是社会工作的本质是助人，是一项专业的助人活动。社工都具有崇高的助人理念和满腔的工作热情，他们的工作责任意识使其能够主动与流浪少年儿童沟通并建立起感情，最容易实现对他们的帮助、转化与教育。在西方，“社会工作”最初起源于宗教慈善活动，它为饥饿人群提供基本生活需要与服务。随着社会的发展，逐渐演变成非政府组织的专业化助人活动。社工基于善意与职业责任感，主动接触困难人群，帮助他们解决难题，改变并提升他们在社会中的地位，使他们能够重新融入主流社会。流浪少年儿童也是社会的弱势群体，属于社工者的工作范围。在帮助流浪少年儿童的过程中，吃、穿、住等基本生活条件的满足虽然是他们的迫切需要，但最根本的问题还是情感问题，即情感方面的缺失。除个别情况外，大部分流浪少年儿童来自有问题的家庭，如父母离异或者去世、家庭暴力、被虐待、遗弃等。由于得不到家庭的温暖和亲人的关爱，这些儿童才被迫走上街头。长期的流浪生涯，恶劣的生存环境，社会与人们的漠视，以及受到个别违法人员的教唆、侵害等，使流浪少年儿童慢慢形成了冷漠、麻木、孤独、自卑、恐惧、怀疑等不良心理特征，有强烈的自我保护意识和对抗或仇视他人的心态。如果不帮助他们消除对世界、对他人产生的误解或错误认识，那么这些认识将会影响他们的一生，个别还会永远仇视社会甚至走上违法犯罪的道路。因此，对流浪少年儿童的教育，必须实施“情感补足”，即营造爱的环境，用帮助、关怀、爱护使他们感受到温暖，与他人建立起信任关系；由社工适时地开展思想、心理、情感等方面的辅导，打开他们封闭的心灵，唤醒他们对爱的感受和对幸福的体验，重新树立起正确的世界观、人生观和价值观。

在社会中人们只有接受了爱，才能懂得爱并付出爱。所以关爱与情感的培养是开启流浪少年儿童内心的一把钥匙，也是转化他们的起点。社工的助人活动，本质上就是一种爱与情感的付出、交流过程，所以他们是最适宜、也最能胜任这项工作的人员。

二是社工特别推崇“助人自助”的理念，既帮助求助者解决目前的困难，又注重其能力的培养和发展。这个理念非常有利于流浪少年儿童的健康成长和长远利益。社工的专业宗旨是为有需要的人提供帮助，同时又不是机械地助人，不是把求助者看成被动的接受者，而是把助人当作一个社会互动系统，了解求助在社会生活中遇到的问题，挖掘其自身解决问题的潜能，帮助其恢复社会生活的能力。总之，通过社工的帮助，可以使求助者恢复和提升社会功能，克服困难，解决问题，满足需要，获得自我实现。流浪少年儿童拥有美好的发展前途和巨大的成长空间，这种教育理念非常有利于他们的成长。联合国《儿童权利公约》第三条第一款指出：关于儿童的一切行动，均应以儿童的最大利益为首要考虑。而最大利益绝不仅仅指满足儿童近期的基本生活需要，而是更有利于他们的成长和长远发展。救助和保护流浪少年儿童，不能只追求短期效应，停留在对他们基本生活条件的提供与满足上，而要注重流浪少年儿童成长和发展的需要，培养他们成为拥有健康心理、人格，具备正确的价值判断，掌握一定专业知识和技能的人；促使他们逐渐从求助者发展到独立和自助的人，并且在将来还可以去帮助他人与社会。应避免他们成为社会的消极因素，要培养他们成为社会的栋梁之材。所以对流浪少年儿童的教育是一项功在当代、利在千秋的事业。

三是社工都接受过社会服务的专业教育和训练，具备科学的助人理念，掌握了一套科学的助人方法，如微观方面的个案工作、小组工作，宏观方面的社区工作等，其工作更具备科学性和有效性。他们能够对不同类型或有不同需要的流浪少年儿童有针对性地开展工作，从而找到解决问题、有助于其身心健康成长的最佳方案。社工高度重视人的价值，认为人的生存权、发展权、人的尊严以及人人平等都是人类社会的基本准则。社会工作就是努力去帮助那些受到损害的人恢复本应属于他们的权利和尊严。在“个案工作”方法中，出发点与归宿都是个人，即研究个人问题，挖掘个人才能，提升个人素质，将人的特殊性、尊严和隐私等都摆在十分重要的地位，通过对个人及其所处环境的有效调整，促进人格的健康成长。“个案工作”是一套专业的助人方法，其遵循的基本原则有：①接纳原则，不论对象的性别、种族和信仰，也不论自己的好恶与否，一律平等地开展工作。②个体原则，即时刻注意工作对象是一个活生生的人，注意每个人思想和行为的差异性，防止模式化。③沟通原则，强调个案工作者与案主的信任和交流，便于社工深入研究。④保密原则，即对案主的隐私要绝对保密，这是社工的基本职业道德。⑤案主自决原则，个案工作者不能包办案主行为，案主问题的解决最终还得通过案主自身。这些方法、理念十分有利于对流浪少年儿童教育工作的开展。每个流浪少年儿童都有着不同的成长背景和鲜明的个性特征，对他们的帮助应展开“一对一”的专业化服务。而救助站工作人员过去通常采用“工业化生产流程”般的教育模式，往往做不到具体问题具体分析，还极易造成流浪少年儿童的抵触、逆反心理。社工要特别注意挖掘、调动流浪少年儿童自我意识里的自主转变观念，改变过去简单化教育的“要你变”为求助者自己的“我要变”。社工则帮助流浪少年儿童恢复信心，发挥主观能动性，促使其实现自我转变。只有内在动力越强，转变的效果才会越明显。

（二）社会工作对直接提升救助管理效能具有重要作用。

1. 融入社会工作理念，能够转变传统救助工作模式

当前的救助工作大多呈现出救助手段单一、救助内容单一、救助形式单一的趋势，一般都停留在物质救助层面上，没有考虑到不同救助对象之间的特殊需要。将社会工作理念融入救助管理中，能够转变传统救助方式。首先运用叠加式救助，即在向陷入生活困境的社会成员提供物质援助，满足其基本生存需求的同时，向其提供技术培训、信息咨询等非物质服务，接着再运用嵌入式救助服务，运用社会工作的价值观、理论、方法和技巧开展心理辅导、精神慰藉、行为矫正等服务，使社会救助工作人性化，从发展的角度使困难群众具备改变现状的能力，变“输血”为“造血”，转变传统救助方式，提升救助管理效能。

2. 开展社会工作实务，能够提高救助服务质量

一方面，社会工作的专业价值观会使救助申请者更容易被尊重，更能体现人文关怀和社会公正，社会工作的专业方法和技巧使工作程序更加科学和规范，更容易获得真实的信息，救助政策的执行更为理性、有效，避免资源的浪费。另一方面，社会工作具有促进救助对象自强自立、缓解对福利依赖的功能。随着我国经济水平的提升，救助水平不断提高，救助领域不断扩展，从而使这项制度的含金量大大提高。部分有劳动能力的救助对象在经过比较后选择了依赖救助，不参与就业或从事其他自食其力的活动，这直接导致有限救助资源的浪费。引入社会工作后，社工运用其专业方法和技巧，帮助救助对象改变心态和价值观，树立其自食其力的信心；通过就业辅导、职业训练、科技知识普及等方法提升救助对象自身的能力；通过各种途径为救助对象提供就业或劳动信息，为其建立社会支持网络，改变救助对象的就业和生存环境，从而直接提高救助服务质量。

3. 当前社会工作在救助管理中运用的局限性

《救助管理办法》和《实施细则》颁布以来，通过向流浪乞讨人员提供专业服务，救助站在社会工作运用方面做了大量基础性、探索性工作，积累了许多成功的经验。自2000年以来，民政部相继出台了《关于加强流浪未成

年人工作的意见》、《关于加强孤儿救助工作的意见》、《救助管理机构基本规范》、《流浪未成年人救助保护机构基本规范》等政策文件。这些政策文件都明确提出了要引入社会工作专业制度，聘用专业社工，提供规范、优质的社会服务的要求。可以说，这些政策文件有关社工方面的要求，为社会工作职业化制度建设提供了较好的政策支持。但是，救助站引入社会工作仍然处在探索阶段。当前社会工作在救助管理中的运用仍然存在许多局限性。主要有以下几个方面：

（1）社会工作人才总量严重不足。当前社会工作在救助管理中运用的专业理论研究才刚刚开始，社会工作理论探索和制度保障还处于较低水平。目前，救助站社会工作人才总量严重不足，远远不能满足救助管理事业发展对社会工作人才的需求。

（2）专业程度仍需加强。当前从事社会工作的人员大多没有受过正规的社会工作知识、技巧的训练，缺乏社会工作人才应该具备的岗位知识和技能，服务的专业化程度不高。救助工作人员很多没有受过助人的专业知识与技能的教育或训练，不具备科学的助人理念，未能掌握一套科学、有效的助人方法，工作中难免存在不足。例如，只是片面地注重为流浪少年儿童提供基本的生活需要，却忽视与他们进行心灵上的沟通、情感上的感化与交流；没有重视对人的教育是一个长期的、潜移默化的过程。在实施教育的方法与模式上，过于简单化，忽视挖掘、调动流浪少年儿童自我意识里的自主转变观念等。由于缺乏专业理念与技巧，使救助工作效果大打折扣。

（3）缺乏规范的社会工作岗位设置。由于我国社会工作执业资格评定工作刚刚启动，工作机制有待建立和完善，因此救助站也同样无法配备社会工作专业人才和设置合理的社会工作岗位。当前，对于社会工作岗位的设置，各地救助站还没有形成统一的认识和标准，由于无法提供明确的岗位，一些大中专院校毕业的社会工作专业的学生难以找到合适的岗位。

（4）政策措施和激励机制有待完善。一是社会对民政社会工作人才没有足够的重视，服务不到位，民政社会工作开展的环境和氛围较差，人才的潜能发挥不足；二是受经济条件的限制，为民政社会人才提供物质等方面的支持较少，对人才也缺乏系统、有效的培训，导致人才多侧重于自我封闭的学习，知识更新和继续教育跟不上，实际效果较差，人才层次提高慢。

第二节　社会工作的主要内容和方法

社会工作在流浪乞讨人员救助管理工作中的介入方式是多样化的，这里主要从宏观层面和微观层面进行分类。

宏观层面的社会工作，主要通过推动救助管理制度的完善，为流浪乞讨人员建设一个良好的救助法律环境和社会环境，并将人本关怀的精神和“救助者自救”的目标和理念在立法和制度中体现出来。注重宣传贯彻流浪乞讨救助法律法规及其他法律法规中涉及救助保护的条款。树立公众对流浪乞讨人员的接纳、关爱的价值观和态度，为流浪乞讨人员创造宽容的社会环境。救助制度不仅能对求助者产生直接的效果，对社会其他成员也同样会产生相应的影响。市民对待流浪乞讨人员的价值观和态度会直接或间接地影响和改变流浪乞讨人员的生活，同时也会影响救助制度的实施。该领域的社会工作应该通过对公民提倡接纳、关爱的价值观，为流浪乞讨人员创造宽松的社会环境。如果公众能将真情和爱给予这些生活在最底层、被边缘化的不幸者，他们得到的不仅仅是人与人之间的温暖，更重要的是得到了人的尊严。这对唤醒其做人的良知，获得良好的自我认知和社会认知，摆脱流浪乞讨生活，都是很重要的。而微观层面的社会工作，主要指运用社会工作理论、知识、方法和技巧为流浪乞讨人员提供服务的过程。在社会工作专业价值观的指导下，运用个案工作、小组工作、社区工作、社会工作行政等方法为流浪乞讨人员提供专业服务。

一、社会工作的主要内容

下面从4个方面对流浪乞讨人员救助领域微观层面的社会工作的主要内容进行分析。

（一）站外救助服务社会工作

在流浪乞讨人员进救助站之前开展救助服务，将社工理念和方法运用于街头流浪乞讨人员救助管理的措施和手段，是救助站一种类型的社会工作，叫外展社会工作，包括两种情境：一种是以协调社会组织之间的关系，整合社会力量和可利用资源为目标指向；另一种是以主动开展街头救助服务为职责。在我国，地级以上城市大多数遵循一城一站原则，如果没有外展社工，救助站无力胜任依法管理社会救助事务，救助管理工作也不能满足现代化条件下城市管理需要。从一般意义上讲，设立救助分站、咨询点、派出流动救助小组和组织社区参与救助，都是救助工作的外展形式。开展街头外展救助服务是专业人士走向街头，对流浪乞讨人员提供流动的、开放的生活照顾、咨询、心理辅导等救助方式，并通过走向街头发现并劝导流浪乞讨人员接受救助，对主动求助的流浪乞讨人员进行入站安置。《救助管理办法》实施初期，新的救助管理政策还不被群众和生活无着的流浪乞讨人员所知，救助管理机构走上街头进行政策宣传显得非常重要。随着时间的推移，虽然通过宣传、救助引导牌、救助管理机构电话公布等方式被群众和生活无着的流浪乞讨人员所熟悉，但实践表明有很大部分需要救助的人员并没有自愿到救助管理机构求助，这就需要社工扮演“倡导者”的角色走上街头，使需要救助的人及时得到帮助。救助站在火车站建立全天候外展救助点，同时，还组建街头救助工作服务队流动巡回救助，设立面向流浪少年儿童的全天候救助点进行开放式救助，成立街头救助劝导队，在流浪乞讨人员进救助站之前开展救助服务。

（二）站内服务社会工作

1. 接待咨询

接待咨询环节的社会工作主要是通过倾听求助者的诉求，判断其现状，对可能潜在的心理和精神方面的问题进行整理和分类，尽量将类型相似、情况相近的人集中在同一生活服务区。这个环节上的社会工作侧重于倾听和引导式询问，主要是了解求助者的处境、心态、情绪等情况，并初步建立个案。

2. 饮食起居

求助者一到站，救助站就从生活起居上给予关心，及时为他们理发、洗澡、更换衣服，给他们提供优质的服务。让求助者感觉进站如回家，工作人员似亲人。有些外省的求助者来站求助，因其当地生活习惯或民族风俗不同，在饮食上，应尽量尊重和满足他们的生活要求；对发现有常见病的求助者，在及时组织治疗的同时，还应安排特殊病号饮食，尤其是那些生活难以自理的求助者，工作人员应喂饭喂水，端屎端尿，精心照料。

3. 寻亲归家

在求助者的行列中，对于流浪少年儿童来说，家就是他们生活的避风港。家中的亲人就是他们生存的依托。当他们被护送来站时，最重要的莫过于帮助他们及时找到家，尽快地让他们回到家人的身边。在帮助这些人员找家的过程中，突出一个“快”字、掌握一个“准”字。求助者来站后，不拖不压，快查快办。通过辨口音、对口型、写地址、看地图等办法，尽快弄清求助者的有关情况及家庭住址，与求助者的家庭进行联系，或与当地公安机关进行户籍核实查询，确保准确无误。

4. 心理咨询

救助站根据流浪乞讨人员导致流浪乞讨的家庭问题、生活压力、价值观偏离等不同原因，开展心理咨询与心理辅导工作，有效地解决求助者的心理情绪问题，提高救助的服务质量。对于心理无障碍、身体健康的求助者，组织开展多种形式的教育，是救助管理的一项必不可少的工作。有些带有不良恶习或因家庭问题、爱情受挫、工作不顺等原因来站求助的人员，经过法律常识和人生观、价值观教育，帮助他们改掉恶习或丢掉包袱，重新扬起生活的风帆，走上正确的生活之路。在对流浪少年儿童教育服务上，实行人性化管理，实施特殊性教育。鉴于流浪少年儿童长期在外流浪，缺乏关爱、孤僻、敏感等心理特点，用爱心、真心和耐心去帮助这些孩子，像对待自己的孩子一样，呵护好每一名流浪少年儿童。教他们科学文化知识和法律常识，树立信心，端正心态，做一个对社会有用的人。

（三）回归主流社会阶段的社会工作

1. 运用个案社会工作帮助求助者回归主流社会

救助站的求助者成分复杂，可以分为贫困流浪乞讨者类型、疾病流浪乞讨者类型、反复流浪乞讨者类型、短期流浪乞讨者类型、越轨流浪乞讨者类型、违法流浪乞讨者类型、未成年流浪乞讨者类型等。每种类型的流浪乞讨人员都存在不同的流浪乞讨原因及各种各样的困难和问题。因此，救助站社工应将那些存在问题比较复杂的求助者列为个案对象，认真研究分析求助者的问题并制订与之相适应的服务计划，开展有针对性的救助，最后帮助求助者解决问题，回归主流社会。

2. 运用小组社会工作帮助求助者回归主流社会

流浪乞讨人员具有较明显的群体特征。他们作为弱势群体，所处经济和社会环境以及行为特点、心理状态、社会交往有共同或相近之处，救助站社工根据流浪乞讨人员的特点和状况组织开展不同的小组活动或专项活动，通过各种寓教于乐的活动内容，丰富求助者的精神生活，提高他们的技能，帮助他们调适自己的心理状态，增强其适应社会环境、处理社会关系的能力，从而回归主流社会。

3. 提供技能培训服务帮助求助者回归主流社会

虽然流浪乞讨人员的构成复杂，原因多样，其中也有不少是职业乞讨者，但是就大部分流浪乞讨人员来看，主要源于贫困，受教育程度低，就业难度大，缺乏社会保障等原因。社会工作的核心理念是"助人自助"，要达到"救助者自救"，必须挖掘求助者潜能，提高其自身能力。"能力—福利理论"认为，人们之所以处于贫穷、困难等弱势处境，并不完全取决于物质资源缺乏，很多情况下是缺乏获取物质资源的能力。所以，单纯地进行物质帮助并不一定能有效地改变流浪乞讨人员处于困境的状况，而提供适当的教育和技能培训，提高获取物质资源的能力，可以从根本上改变其所处的状况。技能培训是指通过开展技能小组、技能培训课程以及到企业就业实习等方式，使流浪乞讨人员掌握一技之长，提高其就业的机会。虽然通过教育和技能培训可以提高流浪乞讨人员的能力，但对于其潜能的开发并不是一件容易的事情，要注意技巧和方法。首先，要注意提升他们的参与意识，提高其参与程度，通过他们参与人与人之间的正常互动，理解一些理念和行为方式，体验尊重与被尊重、责任、归属等意识，形成新的认知模式，实现救助向自救的转变。其次，在他们取得成绩或行为有所改变的时候，要注意运用奖赏和鼓励的手段促进其成绩的发展和好行为的维持。

4. 提供安置服务帮助求助者回归主流社会

安置求助者主要采取以下 3 种方式：一是回归原籍安置。主要是给成年求助者提供返回原籍车票，对老、残、病、弱采取当地政府部门接回或者护送返回原籍。二是送福利机构安置。流浪未成年人被救助后，经调查核实找不到家的，由福利院进行救助安置，安置后办理当地户口、接受义务教育、技能培训、就业，以及城市居民的福利保障。三是类家庭和家庭寄养服务。类家庭和家庭寄养服务都是对一些暂时不能回到家庭的儿童提供一个家的环境，使其进一步融入主流社会，促进其发展的服务项目。

类家庭是由救助站根据流浪少年儿童的年龄、性别情况，将一定数量的少年儿童组成一个家庭，聘请成年人担当"父母"角色或辅导员，对流浪少年儿童进行生活上的照顾和教育，使他们过着类似家庭的生活，为他们回归主流社会起到过渡的作用。社工在类家庭服务中的工作内容主要有以下几个方面：甄别救助管理机构拟聘请的“父母”是否符合要求；通过教育培训等方式让“父母”了解少年儿童的特点及需要；对所聘人员提供的服务进行监督和督导；协调“父母”与少年儿童之间的关系。

家庭寄养是将具备一定条件的流浪少年儿童寄托到社会上的正常家庭之中。社会工作者在家庭寄养服务中的工作内容主要有以下几方面：根据规定的寄养家庭的标准对寄养家庭进行评估；通过对家庭和少年儿童的评估，为少年儿童和家庭进行匹配；对寄养家长进行流浪少年儿童的特点及少年儿童养育教育方面的培训；少年儿童与寄养家庭之间关系处理的介入；协助寄养家庭处理在提供服务过程中所遇到的问题和困难；处理寄养结束的相关事宜。

（四）返家或安置之后的社会工作

将社工理念和方法运用于返家或安置之后的救助服务，是救助站一种类型的社会工作，叫转介社会工作。转介环节分为两种：一种是突出个案问题在站内的转介，社会工作相应地转为社工对求助者一对一的活动，或者是社工小组共同研究个案情况，制订有针对性的活动方案；另一种是按照救助制度的有关规定，救助站只向求助者提供不超过 10 天的临时性法定服务，自身带有较为严重的社会问题的求助者在 10 天之内未能顺利解决自身社会问题，或者自身问题虽然基本得到解决，但仍然需要社工持续干预的，则必须借助延伸性社会工作服务继续跟踪，即两个以上机构（救助机构和社区）的社会工作相互支持同一个求助者，是机构与机构之间信息和社工方法的有机连接。通俗地讲，就是流出地救助站的社工在流入地救助站的社工转介的个案基础上，对同一求助者实施的社会工作跟进服务。必须明确的是，由流入地救助站的社工在求助者离开后，继续用通信方式进行的社会工作，不属于转介的范畴，而称为回访社会工作。求助者返家或安置之后，定期回访、跟进服务，做好跟踪回访工作，发现新问题及时调整对策，尽量避免他们重染流浪恶习。

二、社会工作的主要方法

（一）与求助者沟通需要掌握的技巧

对人尊重的态度和同感的理解是需要通过语言来传递或表达的，因此，沟通双方运用语言的能力和艺术是取得良好沟通效果的关键。

1. 运用好语言符号

第一，把话说得悦耳，悦耳的声音会令人心情舒畅。第二，把话说得清楚，必须让人明白所要传达信息的意思，这就要求沟通者思维有条理，吐字清晰，把意思说明白。第三，把话说得准确，要完整地表达句意，说话用词尽量科学准确。第四，把话说得恰当，说话必须符合特定的身份和场合。第五，把话说得巧妙。例如，如何说好第一句话，怎么才能开启对自己有利又令对方愉悦的话题，一般的原则是寻找对方谈话的兴趣区域和自己的有知区域，避开对方忌讳的区域和自己的无知区域。

2. 巧妙使用身体符号

身体符号包括人的眼神、面部表情、身体的姿势、动作及仪表等。专家认为，在人面对面的信息沟通中，有65%的社会意义是通过身体符号传递的。身体符号具有无伪装性的特点，人可以言不由衷，但强颜欢笑总会露出破绽。人们可以通过恰当的身体符号向沟通对象表达自己对对方的尊重、接纳、关心，更可以通过细心地观察对方的身体符号以解读其内心世界。

3. 注重环境符号

环境符号是指能够传递信息的时间和空间因素。时间在传递信息中具有不可替代的作用。与人约会姗姗来迟，传达给对方的可能是不认真、时间观念不强、对对方不重视等信息，进而会引起对方很多的心理活动，如失落、不信任、不愿意合作等。空间因素是指人与人之间的距离、位置以及沟通场所的气氛。谁都知道远远地打招呼表示热情与友好，与人擦肩而过没有任何表示说明彼此的敌意或冷淡。一般而言，人与人之间相隔0～15厘米是亲密距离，其语意是亲密而热烈；15～75厘米是个人距离，语意是亲切友好；75～215厘米是社交距离，语意是严肃而正式；215厘米以上是大众距离，表明彼此之间没有心理的联系，但在一些特殊的场合，如在拥挤的公共汽车上则是例外。由此可见，应该视交往对象的关系把握与人沟通的距离。

4. 个案会谈的支持性技巧

个案会谈是指个案工作中社工与求助者面对面有目的的专业谈话。支持性技巧是指社工通过身体及口头语言的表达，令求助者感到被尊重、被理解、被接纳，从而建立信心的一系列技术。个案会谈的支持性技巧有以下几点：

（1）表达专注。专注是指社工面向求助者，愿意和求助者在一起的心理态度。在人生的某些重要时刻，有人陪伴是非常重要的。当社工以专注的神情面对求助者，求助者就会感觉“他与我同在”、“他在专心地陪伴我”，这无疑会给求助者带来心理上的支持，增强面对困难的勇气和信心。

（2）同理心。同理心是指社工进入并了解求助者的内心世界，并将这种了解传达给求助者的一种技术与能力。同理心包括情绪同理和角色同理两个层面的内容。情绪同理即同感，是指社工如同亲身体验一样感受求助者的感受，是一种受他人状况感动的能力；角色同理是指社工了解求助者的情境、参考构架及观点的能力。角色同理要求社工尽量放下自己的参考构架和文化背景，站在求助者的角度去理解其问题及相关的行为。

（3）鼓励支持。鼓励是指社工通过恰当的话语和身体语言，鼓励求助者继续表达其感受和看法的技术。鼓励的技巧可以起到让求助者表达、支持其面对和超越心理上的挣扎、增强自信及创造彼此信任的专业关系的目的。鼓励应该在社工觉察到求助者的退缩行为之后运用。社工通过专注与倾听，发现求助者沉默、逃避目光接触、避免直接对话、吞吞吐吐等情形时，应当给予及时的鼓励。鼓励求助者继续表达可以用如“请继续”、“你说得很好”等话语，也可以用身体语言的支持，如身体前倾、微笑地注视、点头、用手示意、眼神鼓励等。

（4）建议忠告。对求助者的情况、问题有所了解和评估后，提出客观、中肯和有助于解决问题的意见。作为专业的助人活动，在个案会谈中，社工通过对求助者问题及相关信息的了解，总会发展出具体的解决求助者问题的思路，社工应该向求助者提出这些意见。但是，社工应首先考虑清楚意见或方法的可行性、背后的理念及理论的正确性。有时如何向求助者提出这些建议比方法本身的意义还要重大，如果社工强行要求求助者按照自己的意见去做，违背其个人意愿，反而会造成不良后果。因此，如何向求助者提建议是非常重要的。社工一定要反复斟酌自己的判断，而忠告之后，社工应该耐心地讲道理，提供求助者不知晓的知识和视角，使其有所领悟。

（二）流浪乞讨人员社会工作实务通用过程及工作任务、方法和技巧

流浪乞讨人员社会工作实务通用过程包括接案、预估、计划、介入、评估和结案6个阶段或步骤，每个阶段或步骤都有各自不同的工作任务、内容、方法和技巧。

1. 接案

接案的目的在于建立信任的专业关系，接案是社会工作实务过程的第一步，也是整个助人过程的基础和起点。成功的接案是专业助人活动的前提。接案阶段的主要工作和步骤包括：了解服务对象的求助原因和求助过程；初步评估服务对象的问题；决定是否接案；订立初步协议。

（1）接案前的准备。主要是了解服务对象的来源，认定服务对象的类型，了解服务对象的求助过程，使“潜在服务对象”成为“现有服务对象”，使其了解、接受社会工作服务对他们的意义。

（2）面谈。面谈是接案阶段的第二个主要工作。面谈的目的和面谈的场所的安排：面谈是社工与服务对象之间面对面地讨论问题以确定是否建立专业协助关系的过程，同时也是一种有意识、有目标的人际互动。面谈地点应尽量让服务对象感觉自由、舒畅和随意，促进无拘束的沟通与交流。面谈的主要任务：界定服务对象的问题和需求（他有什么问题）；澄清角色期望和义务（想干什么，社工与服务对象的各自期望）；激励并促进服务对象进入角色（别急，慢慢讲）；促进和诱导服务对象态度和行为的改变（你有没有试过）；达成初步协议；决定工作进程。面谈的技巧主要是：一是主动介绍自己。向服务对象说明协助的目的，主动介绍机构的目标和功能，自己的工作经验和专长，对求助受助的看法等。这些都有助于消除服务对象的疑虑，使他们顺利进入受助者的角色。二是沟通。了解服务对象的问题和需要，交流双方对服务对象的问题和社会工作机构的功能，以及社工的角色的看法和期望。沟通要注意运用同理（同感）表达，所谓同理（同感）表达，指社工进入并了解服务对象的内心世界，并将这种了解传达给服务对象的过程。以简短正确的话语，表达出服务对象的感觉、情绪；不分析、不评价。例如：你会觉得自己……对你来说好像……好像你会觉得……你认为……你觉得……你感到……对你来说……是不是你会觉得……我听到好像你觉得……三是倾听。倾听包括5个条件：不批评、不判断、尊重、敏锐、以对方为中心。社工透过适当的话语和身体语言，鼓励服务对象继续表达自己的感受和看法。例如，

“嗯”、“好”、“接着说”、“还有呢”、“以后呢”、“别的情况下如何”、“我明白”之类过渡性短语来强化服务对象叙述的内容，并鼓励其讲下去。

（3）收集服务对象的资料。通过咨询和观察方法，收集服务对象的个人资料，如籍贯、年龄、性别、教育程度、职业收入等；了解服务对象的身体状况，对其病史的了解，有无疾病、遗传病及慢性疾病等，现在的情况（身体和精神）；服务对象的能力和特点；服务对象所处的社会环境。

（4）做接案会谈记录。进行接案会谈后社工要将会谈的内容和结果记录下来。记叙性记录是常用的形式，内容大致包括：面谈目的；面谈过程；对面谈的总体评估；对以后面谈的建议。

接案应注意的事项：决定是否需要紧急介入，特别是人命关天或安全性问题；权衡是否有能力处理问题，不要硬拗；决定问题的优先次序，尊重服务对象，先处理简单问题；保证服务对象所要求的服务符合服务机构的工作范围。

2. 预估

预估就是依据既定情境中的事实与特点推论出有关问题含义的暂时性结论的逻辑过程。预估的目的是一个认识服务对象的过程，即达到对服务对象、服务对象的问题以及他们所处的环境的了解，并对之形成概念化的认识，从而构建一个计划去解决问题。预估的最终目的是要对正确的计划作出贡献。预估的任务：识别服务对象问题的客观因素（背景资料、所处环境、问题发生与持续时间、为解决问题所做的努力）；识别服务对象问题的主观因素（认识问题在服务对象处境中的意义、对问题的感受）；识别服务对象问题的成因及使问题延续的因素；识别服务对象及环境的积极因素；决定提供服务的方式和内容。预估的基本步骤：探究服务对象的情况、问题需要；分析服务对象的资料并作出预估摘要。

3. 计划

计划是制定目标及行动方案，是一个理性思考及作决定的过程，包括制定介入目标及选择为了达到目标而采取的行动。计划是为下一步的介入行动服务的，也是介入行动的蓝图。制订服务计划的原则：要有服务对象的参与；要尊重服务对象的意愿；计划要详细和具体；计划要与工作的总目的、宗旨相符合；计划要能够总结与度量，方便评估。

4. 介入

介入是社会工作助人过程的一个重要阶段。介入是实施服务计划，即社工为恢复和加强服务对象整体社会功能而有计划、有目的的行动。社会工作的介入可以界定为：社工为恢复和加强服务对象整体社会功能而有计划、有目的的行动。社会工作介入活动分为3类：直接介入、间接介入和综合介入。直接介入是指以个人、家庭和群体为关注对象，针对个人、家庭和群体采取的行动，重点在于改变家庭或群体内的人际交往，或改变个人、家庭和小群体与其环境中的个人和社会系统的关系和互动方式。间接介入是指以个人、家庭、小组、组织和社区以至更大的社会系统为关注对象，由社工代表服务对象采取行动，通过介入服务对象以外的其他系统间接帮助他们的行动。间接介入通常也称为改变环境的工作，或中观和宏观社会性工作实务。综合介入是指从“人与环境”互动的视角出发，社会工作将介入焦点放在：①增强个人的生活适应能力；②增加社会和物理环境对个人需要的回应。这种从人与环境两个环节介入的策略构成了将直接实践和间接实践结合在一起的综合介入行动，是对各种社会进行综合治理思想理念的具体体现。

5. 评估

评估是对工作成效的检验。社会工作评估是指运用科学的研究方法和技术，系统地评价社会工作的介入结果，总结整个介入过程，考察社会工作的介入是否有效、是否达到了预期目的与目标的过程。评估的目的是考察社会工作介入效果、服务对象进步情况及介入目标的实现程度；总结工作经验，改善工作技巧，提升服务水平；验证社会工作方法的有效性；进行社会工作研究。评估应注意的事项有：注重社工的自我评估与反思；调动服务对象的积极性，让其积极参与评估过程；评估的方法要与社会工作的价值观相吻合，并注意保密；要切合实际需要。

例如，广州市流浪儿童保护中心从20世纪90年代末期起，开展流浪儿童街头救助工作，在火车站广场流浪儿童相对集中的地方，开展街头救助、宣传、咨询和服务，为流浪儿童提供食品、饮用水、药品和绘画工具，吸引他们和社工在友好、愉快的气氛中进行面对面的交流和娱乐，向他们宣传儿童权利，彼此建立信任感，并充分尊重他们的观点和决定，及时发现求助对象，并为他们解决困难。那么，流浪儿童保护中心的这种介入模式是否实现了维护儿童权利的目标呢？这种介入模式的效果如何？这就是评估。

6. 结案

一般情况下，结案是当介入计划已经完成，介入目标已经实现，服务对象的问题已经得到解决，或者服务对象已有能力自己应付和解决问题，即在没有社工协助下可以开始新生活时，社工和服务对象双方根据工作协议逐步结束工作关系所采取的行动。虽然结案意味着社会工作的协助将告一段落，但并不是说结案工作可以简单从事。实际上，结案是整个社会工作助人过程中的有机一环，是助人活动的一个重要部分，有其特定的任务和内容。结案时要与服务对象讨论其对结案的准备情况；提前让服务对象知道结案时间，早些做好心理准备；在结案阶段社工要逐渐减少与服务对象的接触，提醒服务对象要学会自立，给服务对象以心理支持，告诉他们在有需要时社工将继续提供帮助；社工也要估计一些可能会破坏或改变成果的因素，预防问题的产生，继续提供一些服务，并为服务对象提供能够对他们有帮助的资源系统支持，待稳定了服务对象的改变成果后，才结束专业的助人关系；必要时安排正式的结案活动，让服务对象分享各自的收获，以建设性的方式表达感受，相互鼓励，面向未来。

（三）帮助流浪乞讨人员回归的社会工作技巧

当前，帮助流浪乞讨人员回归主流社会主要有两个途径：一是帮助其挖掘、提升积极面对生活的能力；二是帮助其整合、开发有利的社会资源。帮助流浪乞讨人员回归的社工技巧如下：

1. 个案工作方法

大多数求助者是因流浪乞讨进入救助机构，而实际上每位求助者的情况又不尽相同，因此，要运用个案工作方法，采取个别化的原则，帮助其分析存在的问题，找出社会支持网络，发现和提升个人解决问题的能力。其中包括自我生活照顾、离站解决方式、离站后问题控制等。

2. 小组工作方法

受助人员有很多共性需求，可设计各种类型的开放式小组，帮助求助者分析共同存在的问题，找出解决的方法，在成员互动中分享各自的成功经验，达到相互关爱、共同进步、摆脱困境的目的。其中包括成员间的相互沟通和支持，建立自立自强的生活信心，找到摆脱流浪和困境的方法，提高认知社会、参与社会的综合能力等。

3. 社区工作方法

针对求助者来源于社区的特点，深入社区开展宣传、预防及回归工作。其中包括延伸社区救助点功能，对存在继续流浪可能的求助者采取社区干预，提高求助者的社会福利待遇和回归主流社会的能力等。

4. 评估方法的运用

评估是界定问题的重要手段和衡量服务的有效方法。救助管理工作应依托社会工作的专业性，发展出一套全面的评估机制。其中包括对求助者的具体情况以及需求的评估；对开展服务的过程及结果的评估；对各个层面开展社会工作的绩效的评估等。评估可依托救助管理部门，也可委托第三方专业机构。

5. 沟通与建立关系技巧

救助管理工作要求工作人员提供管理服务时必须保持良好的态度，同时要讲求工作方法。如果救助管理部门对工作人员开展科学、系统的技巧训练，那么对于工作人员已掌握的经验来说将是如虎添翼，工作人员面对复杂多变的服务将更加游刃有余，救助管理部门可以通过更科学有效的沟通与求助者建立良好的关系，从而提升救助管理的水平。

6. 动员与协调社会资源技巧

救助管理工作的福利性定位已让救助站成为资源的协调者，为求助者动员与协调社会资源已成为救助管理的一项重要工作，专业化的动员与协调技巧将有助于救助管理部门向求助者提供更高水平的服务。在实际工作中，法规政策是救助管理工作开展的重要依据，尽管直接支持救助管理工作的政策看似有限，但实际上却蕴涵了社会工作的整体视角和救助管理的终极目标。

第三节　社会工作在反对家庭暴力及保护妇女儿童中的作用

家庭暴力指的是具有家庭关系的成员之间发生的一方对另一方的暴力行为。家庭暴力可以表现为身体的暴力，如殴打、罚跪、捆绑、拘禁和性虐待等，也可以表现为精神层面的冷暴力，如威胁、恐吓、辱骂等。

家庭暴力已经发展成为一个全球性的社会问题，引起了社会各界的广泛关注。在我国，关于家庭暴力的报道也是屡见不鲜。全国妇联在2003年进行的一项调查显示，在2.7亿个中国家庭中，30%的家庭存在家庭暴力，施暴者九成是男性，而发生在夫妻间的家庭暴力，受害者85%以上是妇女。每年约有10万个家庭因为家庭暴力而解体。由于家庭暴力发生在家庭内部，具有一定的隐蔽性，因此可以推测，家庭暴力的实际发生率可能会更高。

家庭暴力带来了极为恶劣的影响。一方面，家庭暴力直接作用于受害者，给受害者的身体和心灵带来极大的痛苦。丈夫对妻子施暴是家庭暴力中最常见的，作为家庭结构中较为弱势的一方，女性在遭遇此类事件后，可能采取忍气吞声、不作反抗，或期待丈夫有一天会改变等方式应对，也可能做出离家出走、自伤、自杀或伤人的行为，可见，家庭暴力可能诱发女性犯罪。另一方面，家庭暴力将直接危害到儿童的健康成长。无论是对儿童直接施暴，或是让儿童目睹到这些暴力行为的实施，都对儿童的身体和心灵产生极大的伤害，对其认知、情绪、性格和行为带来不利影响。他们可能会变得孤僻、抑郁、敏感、冷漠、残酷、自卑、反社会，甚至可能导致犯罪行为的发生，并且这种来自家庭的创伤可能使他们把这种用暴力解决问题的行为模式带到自己以后的家庭中去，成为新家庭暴力的实施者。再者，家庭暴力可能导致婚姻破裂、家庭解体，也容易导致凶杀、自杀、伤人等违法犯罪行为的发生，危害社会稳定，造成严重的社会后果。

工作人员在实际的救助管理工作中也可以看到，有许多妇女和儿童因为受到家庭暴力的危害而走上了离家出走、流浪乞讨的道路，他们其中的一些人甚至被社会上的一些犯罪分子利用，做出影响社会和谐和稳定的违法行为。

然而，研究表明，当受到家庭暴力的伤害时，大多数的妇女倾向于隐瞒和忍耐，而不是寻求外界的帮助，绝大多数妇女要经受 21 次以上的家庭暴力以后，才会寻求外界的支持。许多家庭暴力仅仅依靠夫妻之间的调和是难以解决的，家庭以外的社会力量的及时干预和介入十分必要。

本章从社会工作的角度，描述社会工作在反对家庭暴力、保护妇女儿童的工作中所起到的作用。

一、心理辅导

即经过专业训练的社工人员，通过面对面沟通的方式，引导目标家庭成员宣泄情绪、认识问题和解决问题。

（一）对受害妇女的心理辅导

曾经遭受过或正在遭受着家庭暴力的妇女，其身心都承受着巨大的压力和创伤，社工应给予支持和抚慰，帮助其宣泄不良情绪，引导她们正确认识家庭暴力，重建自信心，健全人格，引导她们认识到自己拥有的资源和潜能，以增强摆脱家庭暴力的勇气和信心，积极面对新的生活。另外，应让受害妇女学习一些应变的措施和解决具体问题的技巧。

（二）对儿童的心理辅导

遭受或目睹家庭暴力，必然给儿童带来极大的创伤。社工对儿童的心理辅导，一方面可以让儿童认识到自己不是孤独的，除了家人以外，还有许多关心和支持自己的人；另一方面，让他们看到，家庭暴力的发生不是自己的过错，没有必要因此而责罚自己，并引导其正确认识家庭暴力。另外也应向其提供家庭暴力发生时可以寻求帮助或支持的途径。

（三）对施暴者的心理辅导

施暴者常常存在心理、性格和行为习惯上的异常，或者是缺乏教育子女的正确方法，他们中的许多人还有酗酒或嗜赌等行为问题，并在醉酒或输了钱以后实施家庭暴力，这些心理和行为上的问题容易成为家庭沟通交流的障碍，进而导致家庭暴力的发生。所以应对他们进行心理辅导，让他们更好地认识自己的行为原因及其危害，传授压力和情绪宣泄的方法、沟通的技巧以及教育子女的技巧，让他们知道，暴力不是解决问题的有效途径。

二、小组辅导

小组辅导的形式，是通过小组活动及小组动力去影响小组成员的态度和行为。

（一）受害者小组辅导

把受害妇女和儿童组织起来，处于同一个环境中，所有成员都与自己有着相同的问题和困惑，这时，小组成员会感到十分温暖，也特别容易产生共鸣。受害者小组辅导可以帮助他们宣泄情绪，并且通过社工的引导，帮助他们增强自我意识，增强战胜困难的勇气和信心，让他们认识到只有勇敢维护自己的权益才能真正制止暴力。小组成员也可以形成一个互相支持的网络，遇到问题时可以互相寻求帮助、商讨解决的办法。

（二）施暴者小组辅导

社工将施暴者组织起来，通过交流和讨论，共同找出产生暴力行为的原因以及克服问题的办法。制定小组规范，互相监督，小组的规范对约束小组成员的行为能起到很好的作用，在一定程度上能预防和制止一些家庭暴力的发生。

（三）家庭辅导

可以把存在家庭暴力的几个家庭组织起来，让他们认识到问题的危害性，认识到自己的问题不是独一无二的，通过交流可以找出解决问题的许多其他途径。

（四）预防性的团体辅导

如举办新婚者团体辅导，离婚者团体辅导，以及其他一些针对特殊个体的团体辅导，引导成员认识到婚姻的不同阶段易产生的问题及相关的生理、心理、法律知识，帮助大家科学理智地面对婚姻及婚姻中的矛盾和冲突。利用团体工作的方法和技术，改善夫妻关系、亲子关系，提高家庭管理和家庭生活的品质。

三、社区工作

（1）利用讨论会、讲座、宣传栏、小册子等方式，唤起公众对家庭暴力的注意和抵制。家庭暴力之所以持续发生，主要原因就在于其内隐性，家庭成员不愿家丑外扬，而公众也感觉不好插手。所以应当通过宣传和教育，让公众意识到家庭暴力不是单一家庭的私事，而是侵犯人权、违反社会道德和法律的行为，会带来极大的危害，绝不能对家庭暴力持纵容或默许的态度，应当共同抵制。

（2）把整个社区成员带动起来，召开座谈会，了解每个家庭的情况，请一些有空闲的社区活动积极分子加入到防范家庭暴力的活动中来，在他们的帮助和监督下，在社区形成一个防治家庭暴力的良好氛围。

（3）在社区内设立家庭暴力避难所，帮助受害者暂时脱离暴力环境，获得生活和心理上的支持。同时，避难所还可以提供法律和心理方面的咨询服务。避难所的设想得到了国外许多实践的验证，在抵制家庭暴力、保护受害者方面能起到重要作用。

(4) 社会工作组织应与公安、司法、民政、卫生部门、妇联等组织联合起来，为受害者编织一个强大的保护网络，共同抵制家庭暴力的发生。家庭是每个人心灵的港湾，是儿童成长的摇篮，将家庭暴力永远拒之门外是每个公民应尽的责任。相信通过专业的社会工作方法和技巧的运用，配合公安、法律、医务等部门的共同努力，一定能够在最大程度上使受害者摆脱家庭暴力的阴影，逐步消除家庭暴力，促使个体、家庭和社会的和谐发展。

第四节　救助站的社工岗位设置和社工人才队伍建设

一、救助站的社工岗位设置

救助站社工岗位的设置，是救助站融入社会工作理念转变传统救助工作模式，提升救助管理效能的重要措施。所以，救助站应当合理设置社工岗位。不过，这项工作正在摸索之中。以下摘录民政部社会福利和社会事务司综合处张齐安处长的观点，设置救助管理社工岗位。

社工工作站凡机构编制在50人以上的救助站，站领导副职中应设1个有社工背景的领导职位，并设不超过4人的社工工作站，以利于站内社工管理和统筹社会工作计划。10～20个编制的机构，站领导副职中设1个有社工背景的领导职位，不设社工工作站。

大中城市和经济发达城市，具有城市管理任务重、责任大、范围广、及时性强、整合外部资源环节多、花费精力大等特点，外展社工的需求量也大。由于这类机构属于社会管理类的财政补助性事业单位或参照公务员管理，除管理岗位以外，应当考虑多设外展社工岗位。根据实际工作需要，可以将管理岗位中除领导职位以外的20%，或者主要负责街头救助工作的工作人员中的40%，列为外展社工岗位。

机构社工岗位的机构社工是直接接触入站受众的专职管理者，其责任大、专业性强、技巧要求高。救助站应当按照业务流程，在接待咨询、管理服务、甄别核对和转介等主要环节上缜密思考，合理设置社工岗位。根据调查研究中掌握的情况，考虑专业人员工作量要适度的情况，可以分别设置甄别社工岗位、管理区社工岗位和转介社工岗位。

（1）甄别社工岗位设在入站环节，主要负责询问和了解受众的情况，对其问题做初级筛选并建立个案。凡编制在50人以上的救助机构，设社工岗位应当不少于8个。中等规模救助站设社工岗位，应当不少于3个。编制在10人以下设1～2个或者与救助业务环节合并考虑。

（2）管理区社工岗位主要负责生活服务区受众的社会工作，通常以社工小组形式开展工作。可以考虑每50名受众设3个社工岗位，方便组成社工小组。社工小组数应当按救助工作量向上累加。

（3）转介社工岗位主要负责接送环节工作，按规定只有因病、因残、未成年人或者其他行动不便的受众，在查明情况具备返乡条件的，无论是流入地送返，还是流出地接回，都存在一定风险，工作技巧要求高。受众不能在短暂的受助期间解决自身问题时，还要进行延伸性社工服务，也在客观上要求这一岗位环节的救助站工作人员必须具有专业工作方法，并且有能力研究和执行交换到的受众信息。在这一社工岗位上，可以将50%的业务岗位设置为社工岗位。

二、救助站社工人才队伍建设的主要措施

（一）大力引进社工人才

根据国家大力推进社会工作人才队伍建设的精神，结合单位工作的实际需要，根据“公开、公正、公平、择优”的原则，大量招录社会工作专业应届高校毕业生。因为，专业工作人员能够迅速适应工作环境和工作要求，承担起流浪未成年人的思想教育、法制教育、心理辅导和行为矫治工作，运用个案工作与小组工作的专业方法开展救助保护，积极探索符合流浪未成年人特点的工作方式。

（二）站内队伍专业化建设

要以提高专业化水平为主攻方向，致力提高救助站工作人员的专业化水平，采取专家培训授课、引入专业人员、建立实习基地、鼓励人员深造学习等多项措施。特别是进一步加强与高等院校的合作力度，充分利用高等院校

的智力资源，提升救助站工作人员的专业化水平。

（三）政府购买社工服务

采取财政支持的方式购买公益性民间组织提供的社会工作服务，通过政府采购或特定的委托方式，逐步将政府直接“养机构、养人、办事”转变为向符合条件的公益性民间组织购买服务。具体运作方式为：由各区社会工作的主管部门将政府所需购买的社会工作服务及具体的要求通过各区政府采购中心向社会公布，以招标的方式确定服务供应方；部分特殊事项在一定时期内可以实行定向购买社会工作服务。救助站通过购买公益性民间组织提供的社会工作服务，提高本机构的社会工作水平。

（四）吸纳社会义工组织参与

积极吸纳社会义工组织参与，同时积极协调，由救助站牵头，成立由多所高校组成的流浪未成年人救助保护志愿者联盟，制定组织章程，明确大学生志愿者在流浪未成年人外展救助服务中的工作范围、方式、方法和要求。对大学生志愿者进行集中培训，然后组织志愿者走向家庭、学校、社区、街头开展外展社会工作，对流浪未成年人实施劝导、心理沟通、回归支持等，有效地将救助保护工作范围由“站内救助”扩展到“街头主动劝导、救助与帮困”，形成良好的救助保护社会化氛围。

第九章
救助站工作人员的心理调适

第一节　救助站工作人员的心理特点

工作环境和服务对象的特殊性，造就了救助站工作人员区别于其他职业人员的认知态度、情绪情感、人际关系以及行为特点。认识和了解这些心理和行为特点，对于进行相应的心理健康教育工作有重要意义，同时也有利于工作人员更好地了解自己的心理状况，并学习相应的自我调控技巧。

一、救助站工作人员总的心理健康状况

救助站工作人员享受公务员待遇，公务员是当今社会比较令人羡慕的一个职业群体，社会地位较高，经济待遇较好。近年来，救助站也不断地注入新的血液，招纳了越来越多高素质的人才，因而救助站工作人员的总体素质也在不断提高。由于大都接受过高等教育，他们的文化知识水平较高，经过了相关的职业培训，适应能力和抗压能力也比较好，所以总的来说，救助站工作人员的心理健康状况良好，他们普遍能正常有效地开展工作和生活。

救助站工作人员直接服务的对象是属于社会较低层的流浪乞讨人员，由于其职业的特殊性，他们在工作和生活中也承受着许多的压力，面临着来自工作、家庭、人际关系、社会、体制改革等方面的挑战，他们一方面被要求高效地服务公众，另一方面又被要求不断提升自己，掌握新的知识和技术，

同时也要主动调整自己，适应经济和社会体制变革的需要。这样，他们容易产生各种心理和情绪问题，如果对这些心理和情绪问题不予重视或处理不当，甚至可能发展成为心理疾病，如焦虑症、抑郁症、神经衰弱等。

二、救助站工作人员面临的主要心理健康问题

救助站工作人员面临的主要心理健康问题包括职业倦怠、人际关系紧张、职业发展的困惑等。

（一）职业倦怠

职业倦怠是指由于职业压力引起的以身心极度疲惫为标志的综合反应。职业倦怠常发生在从事助人职业的个体身上，其主要特点是对服务对象的冷漠和不负责任、情绪和身体的衰竭以及各种各样的身心症状，如疲劳、易激动、焦虑和抑郁等。Maslach 将职业倦怠划分为 3 个亚成分：情绪衰竭，表现为疲劳、烦躁、易怒、紧张；人格解体，表现为对服务对象的疏远和冷漠；日渐降低的成就感，感觉无力胜任所从事的工作以及缺乏成功的体验。

救助站工作人员直接面对的是流浪乞讨人员这样一个处于社会底层的群体，一方面，这些流浪乞讨人员文化水平低，理解能力不强，他们的一些错误思想和观念根深蒂固，并且对救助站和救助站工作人员有较强的抵触心理，所以对他们进行思想教育很不容易，想要促使他们发生改变就更是困难。在这种条件下，救助站工作人员容易感觉无力胜任自己的工作，他们有时反复接待同一群流浪乞讨者，却又没有办法帮助他们作出改变，从而产生无力感。另一方面，救助站的工作人员在自己的岗位上反反复复地进行相对单调和乏味的工作，容易感觉疲劳、烦躁和紧张，并且容易产生对流浪乞讨人员的疏远和冷漠的心理，他们可能对服务对象的问题不以为然，或者对流浪乞讨人员这一群体产生厌恶的情绪，感到他们无可救药、不可改变等。

由于工作压力所致的职业倦怠不仅影响救助站工作人员的身心健康和生活素质，也影响其工作效率。

（二）人际关系紧张

一方面，公务员对于名誉、地位、金钱和权力可能有着更深刻的认识，由于体制的原因，救助站的同事之间可能面临着升职的竞争，上下级关系也

颇为微妙，他们可能由此产生压力和紧张情绪，且防备心较强，总是与他人保持一段距离，不大容易相信他人或轻易与他人建立亲密关系。另一方面，由于服务对象的特殊性，这种对流浪乞讨人员的冷漠和疏远的态度可能不经意地泛化于日常生活中，导致救助站工作人员在正常的人际交往中产生角色转换的困难，造成日常人际关系的紧张状况。

（三）职业发展的困惑和晋升的压力

有些工作人员在同一个岗位上工作了几年甚至十几年，而要获得晋升又不容易，他们对职业如何发展感到十分困扰。还有些工作人员由于受教育水平相对较低，在救助站工作了许多年，却不如一些刚到救助站工作的同事职位高，或晋升得快，他们可能感到不公平，从而产生心理落差。另外，对于“公务员热”的出现和救助站不断引入高素质人才的趋势，他们可能感到自己不能在竞争中获胜，害怕被淘汰，产生要不断充电，获取最新知识技能的压力。

（四）焦虑和抑郁情绪

救助站工作人员面临的工作压力和人际关系的压力，可能导致其产生一些不良情绪，最常见的是焦虑和抑郁。他们或者感到时间不够用；或难以平衡工作与家庭的需要，害怕不能完成任务或达不到单位的要求；或担心不能取得同事和上级的信任和喜欢；或感到什么事情都不能引起他们的兴趣，对前途悲观失望，遇事常往坏处想等。这些不良情绪可能伴随出现饮食和睡眠问题，不同程度地影响到他们正常的工作和生活，因而需要采取必要的措施宣泄情绪和缓解压力。

三、救助站工作人员心理健康问题产生的原因

（一）个性特征

面对同样的环境和刺激，有些工作人员似乎特别容易产生压力和紧张，这与其个人的个性特征有关。

有些个体则情绪波动较小，情绪较稳定，并且善于自我调控；而有些个体在遇到刺激时容易产生强烈的情绪反应，甚至可能出现不理智的行为；有

些个体表现为固执、冷漠、离群，难以适应外部环境，与人相处有困难；还有些个体对自己的期望过高，一旦达不到自己的目标，就以消极的方式应对工作等。显然，这些个体更容易产生心理压力和职业倦怠。

（二）工作性质

救助站的工作相对来说比较单调，工作人员每天重复着同样的任务，另外，每天接触和服务于流浪乞讨人员，对他们更是一种挑战。救助站的工作性质和服务对象是工作人员产生各种心理压力和情绪问题的重要原因。

（三）组织结构

救助站有着严格的内部规章制度，各个层级被成文或不成文的制度标准化。救助站工作人员处于庞大的科层制组织中，墨守成规，按程序办事，长期从事这种由程序所控制且单调的工作，必然会使个体感到个人成就感低落。而管理制度的相对不完善使得他们受到不同程度的负面情绪，如考核的形式化。考核过程大多是例行公事，流于形式，考核结果缺乏跟踪反馈，很难得出科学准确的结论，也很难使被考核者信服。这些问题都可能导致工作人员产生心理压力和职业倦怠。

（四）社会因素

就业难，就业竞争激烈，强化了工作人员的群体性竞争，而这种激烈的竞争对于原有工作人员来说是一个不容忽视的警钟，为了保证自身的既得利益，他们压力倍增。而新加入的工作人员在新的环境中易受到挤压或孤立。

另外，社会对救助站工作人员的期望似乎已远远超出他们工作能力的范围，特别是在一些大城市，工作人员一旦达不到公众的期望，就会受到来自公众和上级的批评指责，其结果往往会让他们表现出工作怠慢，在长期压力下还可能产生无力感、无成就感。然而，社会对于如何为工作人员创造良好的心理氛围、加强心理调适和心理训练、保持心理健康等却缺少足够的重视和关注。

第二节　救助站工作人员应该具备的心理素质

心理素质是指人们认识和把握自我的能力，是个体在成长与发展过程中形成的比较稳定的心理机能，是多种心理品质的综合表现。社会救助工作者应该具备良好的心理素质，因为他们不仅需要克服个人心理压力，还要以健康的心态、良好的精神面貌去面对和帮助服务对象。下面是救助工作者必备的几种基本心理素质。

一、崇尚奉献精神，认同职业价值

社会工作的核心是助人和服务，它提供的是根据求助者的实际需要和自愿条件的无偿服务，也就是说，社会工作都是非营利性的。社会救助以帮助弱势群体或者有需要的人为己任，不求回报，不谋私利，是人类无私奉献这一美德的完美体现。社会救助这一职业也是受到社会尊敬和赞许的，每一位救助工作人员都应该以自己的职业为荣，因为它为维护社会安定、增进社会福利、促进社会的发展和繁荣作出了巨大的贡献。救助工作不仅是从业者的一种谋生手段，还有着不可推诿的专业使命和社会责任。工作人员只有对职业的社会价值认识理解得越深刻，才会对职业的感情越强烈，逐渐自觉地培养高尚的职业道德精神，才会对社会救助这一职业充满自豪感、责任感和幸福感。

二、善解人意，助人自助

心理学上有个名词叫“同感”，即设身处地、像体验自己精神世界那样体验他人精神世界的态度和能力。社会救助的工作对象往往是一群痛苦、压抑、落寞和无助的人们。他们遭遇的可能是重大的天灾人祸，也可能是不轨之徒的坑蒙拐骗，甚至也有亲朋的背叛或抛弃。他们流离失所，穷困无依，承受着物质与精神的双重压力。作为救助工作人员，同感是一种必备的心理素质。只有对求助者的经历感同身受，才能真正理解他们当前的情绪和行为状况，才能激发帮助他们的热情和行动，从而让求助者感受到真正的体谅和关爱。

“助人自助”是所有助人工作的本质。任何物质上的帮助都只是暂时的，只有“心灵救助”的功效才是持久的。当求助者得到了安慰、同情和鼓励，他们的自我才会逐渐地强大起来，独立、勇敢、坚强和乐观等各种在困难面前必需的品质才能得以激活，而一旦他们获得了这些品质，其生活也就有了希望。工作人员应该培养“助人自助”的工作意识，它是一种态度，也是一种能力。这需要工作人员锻炼“同感”的技巧，通过真诚的积极引导，给求助者送去心灵的慰藉和成长的动力。

三、自信宽容，乐观坚强

几乎每个求助者在接受求助之前都会有牢固的心理防线，他们会采取各种方式保护自己，甚至向工作人员提供虚假信息，对救助工作的服务进行尖酸的批评和不公正的指责。首先，工作人员应该对自己的正确观点及问题解决的可行方案具有自信，这种自信是建立在专业的知识和丰富的从业经验上的。一个不自信的人，很难得到别人的信任。由于求助者的文化程度、宗教信仰、性格类型、沟通风格、人生经历各异，这就给救助工作带来了很大的挑战。工作人员应该有一颗宽容的心，崇尚平等，尊重个性，这不仅能保持自己心态的平和，也有利于和求助者建立互相信任的关系。乐观和坚强也是救助工作人员必备的心理素质。救助工作接触的人群大多数是社会最底层的弱势群体，他们的处境往往让人怜悯和无奈，但是很多求助者仍然没有放弃希望，一直在努力改变自己的命运，作为帮助他们的人，又怎么能以一种悲观消极的姿态出现在他们面前呢？工作人员的乐观情绪是会传递给求助者的，乐观坚强的精神面貌是一种榜样和示范，会鼓舞、激励和提高求助者战胜困难的决心和勇气。

四、思维活跃，勇于创新

人是复杂多变的，并且人的心理具有隐匿性，这是所有以人为工作对象的职业的最大难点。求助者的求助动机各异，往往也因为主观或客观的原因，有意无意地向工作人员隐瞒真实信息，或者求助者本身心里就处在混乱状态，无法与工作人员进行真正的沟通。这就需要工作人员具有一定的敏感度和观察能力，能敏锐地从各种言语和非言语行为中获取有效信息，以此作为分析问题的基础。救助工作还会遇到各种突发状况，保持思维的灵活性可以使工作人员从不同角度思考问题，提出不同的问题解决方案。这不仅能充分发挥工作人员的智慧，也能调动其工作的积极性。应该相信，方法总是比问题多。在面对求助者形色各异的问题时，工作人员要不拘一格，在坚持工作基本原则的情况下，具体问题具体分析，寻求最合适的解决方法。保持思维活跃，这就要求工作人员平时在生活中养成思考的习惯，善于发现新事物，并将思考的乐趣带到工作当中。

五、善于学习，发展自我

社会工作在中国才刚刚起步，在体制建设和实践操作方面有很多地方需要完善。作为社会工作者，应具有研究的态度和探索的精神。这就需要工作人员不断地学习专业知识，打好理论基础，对自己的职业有全面的认识。实践出真知。工作人员拥有第一手的实践资料，如果对这些个案采用科学的方法进行整理、归纳和总结，一定会让自己的工作能力大大提升。任何工作都会出现职业倦怠现象，前提是工作变成一种机械的重复，枯燥无味。而学习就是预防职业倦怠的最好方法，它能不断突破旧模式的瓶颈，不断发掘出新事物，也不断地供给工作的乐趣。保持学习的习惯也能提高人的人格素养，陶冶情操，促进个人的职业发展。

第三节 救助站工作人员自我调适的方法

救助站工作人员在面对着流浪乞讨人员这一特殊的服务对象时，表现出的一系列的消极情感，影响了工作的质量与效率，并且给自身带来了极大的困扰，下面将针对救助站工作人员的心理特点提出相应的自我调适方法。

一、调节认知、强化自我暗示

美国著名的心理学家艾利斯认为，人的情绪反应不是来自刺激事件本身，而是对刺激事件的评价。对于同一件事情，看法不同，产生的反应也就不一样，积极思维模式会减轻职业倦怠感，相反，消极思维模式会增加职业倦怠感。救助站工作人员由于工作的繁琐与无效性而感到倦怠，但作为公职人员，救助工作是分内之责，国家也对自己的劳动给予相应的报酬，只要尽力去帮助求助者，社会上少一个流浪乞讨人员都是对自己工作的肯定，适当降低自我期望可以缓解职业倦怠。

学习积极的心理暗示也是缓解职业倦怠的有效方法。暗示，指的是在无对抗态度的条件下，用含蓄间接的方法对人的心理和行为施加影响，这种心理影响表现为使人按一定的方式行动，或接受一定的意见、信念。暗示极大地影响着人的心理和行为。积极的暗示可以稳定情绪、树立信心、增强战胜困难和挫折的勇气。例如，“先处理好心情，再处理好事情”、“与其痛苦地应对，不如快乐地做好”、“我可以度过倦怠期、找回过去那个充满活力的我”等。如果救助站工作人员能够每天在工作之前提示自己这些信念，不断地强化暗示，倦怠焦虑情绪就会相应地发生转变。

二、从变化中唤起激情、从兴趣中找到突破口

一成不变的工作、刻板单调的程序、多年依旧的工作环境，都会让工作人员产生厌倦感。工作人员可以制定新目标，例如，一个月想方设法说服一个职业流浪乞讨者自力更生；利用培训经费积极主动学一些救助技能与方法，提高自己的综合能力，以适应工作的压力，提高晋升资本；也可以在熟悉的环境中增添新元素，如更新办公室布局；甚至可以换一条陌生的路去上班……

从兴趣中寻找突破口。缺乏兴趣最容易导致心理疲劳，一旦找到新的兴趣点，就会唤回激情，享受工作的快乐。在工作之余培养业余爱好，如制作小手工、跳舞、下棋、打球等都是缓解消极情绪的有效方法。

三、建立支持系统，合理宣泄情绪

家庭是一个最重要的支持系统，工作人员在感到疲倦、压力时，可以适当地向亲人倾诉以得到他们的理解与支持。也可以组建一个能互吐心声的人际圈子，在理解他人的同时，宣泄自身的烦恼。正如著名哲学家培根所说：“如果你把快乐告诉一个朋友，你将得到两份快乐；如果你把忧愁向一个朋友倾吐，你将被分掉一半忧愁。”当工作人员看到那么多人与自己有同样问题时

就不会感到孤单，就会减轻对消极情感的过分关注。

当心情郁闷的时候，不妨哭出来。哭是人类的一种本能，是人不愉快情绪的直接外在流露。哭，可以让不良情绪随着眼泪释放出来，对消极情绪起到缓解作用。转移注意力也是职业倦怠的一种应对策略。转移注意力就是人有意识地变换活动方式，使意识离开引起人们消极情绪的刺激情境，暂时脱离长期关注的事物。心理学研究发现，人们在很多情况下产生的消极情绪是由于他们过分地注意那些令人担心的事物或情境。由于他们的注意力“固定”在这样一个互相强化的系统，越注意越难受，越难受越注意，恶性循环，使心理压力不断加强。当意识到情绪处于高度紧张时，就要让自己设法离开这个环境，使大脑皮层的优势兴奋中心从一个区域转入另一个区域。例如，在自己感到极度焦虑、烦躁时候跑跑步、打打球、听听音乐或去 KTV 高歌，这些都可以把心理上的负荷变为体力上的能量释放出去，缓解消极的情绪，并且与同事一起运动、游玩也是增进感情的好方法。

四、以心度人，换位思考

人际交往有两个法则：①黄金法则：己所不欲，勿施于人；也就是说，你不希望别人这样对待你，你就先别这样对待别人。②白金法则：你希望别人怎么对待你，那你就先去那样对待别人。工作人员由于其服务对象的特殊性，需要特别注意这两个法则，在与流浪乞讨人员沟通时，心怀同情与理解，悄然无声打开他们的心灵世界，以真诚换取他们的改变，不但提高了工作效率，而且还提高了自己的成就感。在与同事的交往中也是如此，你不希望别人怎样对待你，就应先站在同事或领导的立场去体会他的感受，增加彼此之间的理解与沟通，平时也要主动关心同事，以缓解人际间的冷漠与不信任。

五、增加幽默感，保持乐观的心态

在心情郁闷的时候不妨开开玩笑，增加幽默感，每天保持微笑。美国斯坦福大学名誉退休教授威廉姆·弗赖伊说，笑可以促进血液循环和腹肌收缩，100 次的捧腹大笑中所吸收的氧气相当于做 10 分钟划船运动的吸氧量。测试表明，笑的好处远远不止于健身，即使每天刻意面对镜子做“笑”的表情都有助于减轻抑郁与焦虑。每天保持乐观的心态，对工作充满信心，在伤心的时候多想一些开心的事情，即使是消极的事情都要去尽力发现它积极的一面。

管子《心术》中有一句话说得好："心术者，无为而制窍者也。"灵活的心理策略不仅可以提高自身的心理健康水平，还可以防范心理疾病。工作人员可以积极地运用一些自我调适方法，以提高自身的心理健康水平及工作效率。

第四节　群体心理卫生

群体心理是相当复杂的领域，并且群体心理也不是简单的个人心理相加的总和，而是一种整体大于部分之和的状态。许多心理学家、社会学家已经对群体心理的许多领域进行了卓有成效的研究。马克思指出："人的本质不是单个人所固有的抽象物，在其现实性上它是一切社会关系的总和。"即人不仅具有个人的特性，还具有社会属性。目前，群体心理卫生工作主要着眼于对个体身心健康、人格完善经常发生直接影响的群体，如家庭、学校、工作场所、居住地区等结构比较稳定的有形群体，探讨个体与群体相互作用的过程中可能遇到的心理卫生问题；同时也探讨那些结构不严谨、变动性较大的，如社团等群体对个体的心理影响。

一、以人为本的管理理念

管理理念是管理者在管理活动过程中所持有的思想观念和价值判断，决定着管理工作的成效。一切管理活动都是通过人来组织实施的。因此，人是管理中的决定因素。管理只有坚持以人为本的管理理念，把尊重人、关心人、发挥人的潜能作为首要任务，才能够建立正规的内部秩序，促进部门建设的和谐发展，才能为以后的持续发展提供保障。首先，以人为本不要仿制，以人为本不是"以我为本"，不是以管理者自身为本，而应该是"以管理对象为本"。其次，以人为本强调的是对人性的理解和尊重。例如，针对工作压力较大，员工心理问题增多的实际，深入做好心理训练，疏导和调试工作，不断增强员工的适应能力、承受能力、自控能力和化解能力，使员工保持心理健康，部门安全、稳定、持续发展。

企业管理是一个由人、财、物等构成的复杂的动态系统，员工是这个系统的核心与基础，企业管理工作任何时候都离不开员工的活动和作用。因此，在实际工作中，管理者要能调动起工作人员的积极性，发挥他们的潜能，采用不同层次、不同岗位的竞争上岗机制，实现人力资源的最佳配置。按照马斯洛的需要层次理论，人有生理、安全、社交、尊重、自我实现的需要。因此，根据人的需要层次不同，对人的激励机制也要具有多样性，包括工资、奖金、津贴、职位晋升、改善环境、工作自由等，以满足不同层次人的不同需要，充分落实以人为本的管理理念。

二、具激励性的管理举措

激励，简单地讲就是调动员工的积极性，从心理学角度分析，是指激发人的动机的心理过程。在管理心理学中，是指通过满足个体的需要、提供支持、创造条件并达到调动人的积极性、主动性和创造性的过程。作为组织的管理者，为实现组织的既定目标，就必须通过有效的激励，激发全体成员的斗志，充分调动人的工作积极性，最大限度地利用人力资源，为管理工作服务。

（一）激励的方式

激励的方式是多种多样的，对人的激励主要有外在的激励方式和内在的激励方式。常见的激励方式有以下几种：

1. 目标激励

所谓目标激励就是设置适当的目标，激发人的动机，达到调动人的积极性的目的。员工都希望在工作中取得一定的成就和报酬，所以管理者就是要将每个人内心深处的这种或隐或现的目标挖掘出来，并协助他们制定详细的实施步骤，在随后的工作中引导和帮助他们努力实现目标。当每个人的目标强烈和迫切地需要实现时，就会对企业的发展产生热切的关注，对工作产生强大的责任感，不用别人监督就能自觉地把工作搞好。这种目标激励就会产生强大的效果。

2. 尊重激励

尊重是加速员工自信力爆发的催化剂，上下级之间的相互尊重是一种强大的精神力量，它有助于企业员工之间的和谐，有助于企业团队精神和凝聚力的形成。例如霍桑效应：美国芝加哥郊外的霍桑工厂是一个制造电话交换机的工厂，有较完善的娱乐设施、医疗制度和养老金制度等，但工人们仍然愤愤不平，生产状况很不理想。后来，心理学专家专门对其进行了一项试验，即用两年时间，专家找工人个别谈话两万余人次，规定在谈话过程中，要耐心倾听工人对厂方的各种意见和不满。这一谈话试验收到了意想不到的效果——霍桑工厂的产值大幅度提高。

每个人在工作、学习的过程中难免有困惑或者不满，如果不能充分地表达出来，就会影响学习和工作的效率，甚至影响身心健康。作为管理者或同事，要尽量抽出时间进行谈心交流，并且在交谈的过程中，要相互耐心地倾听对方所说的话，做到在“说”过之后，得到一种发泄式的满足，从而感到轻松、舒畅，进而在工作和学习中更加努力。

3. *考评激励*

考评是指各级组织对所属成员的工作及各方面的表现进行考核和评定。通过考核和评比，及时指出员工的成绩、不足及下阶段努力的方向，从而激发员工的积极性、主动性和创造性。荣誉是众人或组织对个体或群体的崇高评价，是满足人们自尊需要，激发人们奋力进取的重要手段。从人的动机看，人人都具有自我肯定、光荣、争取荣誉的需要。对于一些工作表现比较突出、具有代表性的先进员工给予必要的荣誉奖励，是很好的精神激励方法。

4. *竞赛和评比激励*

竞赛在组织内是一种客观存在，在正确思想的指导下，竞赛以及竞赛中的评比对调动人的积极性有重大意义。竞赛与评比对动机有激发作用，促使人的感知敏锐准确，注意力集中，记忆状态良好，工作效率提高；团体间的竞赛评比，能缓和团体内的矛盾，增强集体荣誉感。例如鲶鱼效应：从前，挪威人在海上捕得沙丁鱼后，如果能让它们活着抵港，卖价就会比死鱼高好几倍，但只有一条渔船能做到带活鱼回港。后来，人们发现这条船的鱼槽内不过是多了一条鲶鱼而已。原来当鲶鱼装入鱼槽后，由于环境陌生，就会四处游动，而沙丁鱼发现这一“异类”后，也会因紧张而加速游动。如此一来，沙丁鱼便延长了寿命。这就是“鲶鱼效应”。运用鲶鱼效应，通过个体的“中途介入”，对群体起到竞争作用，它符合人才管理的运行机制。目前，一些机关单位实行的公开招考和竞争上岗就是很好的例子。这种方法能使人产生危机感，从而更好地工作。

5. *领导行为激励*

领导者通过榜样作用、暗示作用、模仿作用等心理机制激发下属的动机，以调动工作、学习积极性，称为领导行为激励。领导的良好行为、模范作用、以身作则就是一种无声的命令，有力地激发下属的积极性。权威是暗示成功的重要心理条件，领导者良好的行为具有权威性，从而使下属受到良好的影响。领导者的行为通过模仿可能是无意识的，也可能是有意识的，更多的是无意识与有意识的综合模仿，下属对领导的模仿造成了良好的激励氛围。

6. 榜样的激励

榜样的力量是无穷的。榜样激励对榜样者自己，以及对先进人员、一般人员、后进人员都有激励作用。对榜样者是一种压力，对先进者是一种挑战，对一般人有激励作用，对后进者能产生心理上的压力。

除了上述几种主要的激励方式外，还有其他激励方式，如环境激励、集体荣誉激励等。管理者在实际工作中要灵活加以掌握。

（二）激励的意义

在传统的管理中，激励的作用根本没有得到足够的认识和利用。随着人本管理思想的发展和在实践中的应用，人们越来越重视作为组织生命力和创造力源泉的“人”的作用。因此，激励作为组织管理的重要职能之一，对于组织目标的实现、工作效率的提高、职工潜在能力的发挥都具有十分重要的作用。

激励是管理的基本职能，管理者的一个重要任务就是对员工采用适当的手段和策略，以激励其工作的积极性、主动性和创造性。管理者要了解员工的心理，关心员工的需要，可恰当运用激励的有效方法和手段。激励作为一种刺激因素，目的在于通过满足员工的需要，激发其工作的积极性，使员工对实现组织的目标保持高度的热情。因此，激励是实现组织目标的有效手段，是保证组织各项工作正常进行的有力保证，对于组织目标的顺利达成具有重要意义。

激励可以造就良好的竞争环境：科学的激励制度包含一种竞争精神，它的运行能够创造出一种良性的竞争环境，进而形成良性的竞争机制，可以吸引和留住优秀人才。在具有竞争性的环境中，组织成员会感受到环境的压力，而这种压力也将转变成为员工努力工作的动力。

三、恰当地处理同事关系

在公司和企业中，能否建立良好的同事关系，是考验员工人品的试金石，但和同事相处并非一件容易的事。大家在同一个单位工作，个人的交情肯定是大不相同，远近亲疏自然是存在的。问题的关键就在于应该如何处理这“远近亲疏”的关系。

（一）必须学会尊重同事

在人际交往中，自己待人的态度往往决定了别人对自己的态度，因此，你若想获取他人的好感和尊重，首先必须尊重他人。每个人都有强烈的友爱和受尊敬的愿望。如果能以平等的姿态与人沟通，对方会觉得受到尊重，从而对你产生好感。因此，要谨记，没有尊重就没有友谊。要做到尊重同事，就必须自觉保守同事的秘密。知道有关同事的秘密，无非有两个渠道：一个是这个人亲自告诉你的，另一个就是除此以外的一切途径。如果是此人亲自告诉你的，那可真的是“打死也不能说”。别人这么信赖你，你怎么可以把别人的隐私随便地散播出去呢？如果是通过其他途径得知了这样的消息，同样不宜传播。

（二）要尽量避免与同事产生矛盾

同事与你在同一个单位工作，几乎日日见面，彼此之间免不了会有各种各样的事情发生，各人的性格、脾气、禀性、优点和缺点也暴露得比较明显，尤其是每个人行为上的缺点和性格上的弱点暴露得多了，会引出各种各样的瓜葛、冲突。需要注意的是，任何同事之间的意见往往都是起源于一些具体的事件，并不涉及其他方面。所以，不要因为过去的小意见而耿耿于怀。只要你大大方方，不把小冲突当一回事，对方也会以同样豁达的态度对待你。同时即使对方仍对你存有一定的成见，也不妨碍你与他的交往。因为在同事之间的来往中，更侧重的是工作的合作，而不是朋友之间的友谊和感情。彼此之间有矛盾没关系，只求双方在工作中能合作就行了。要化解同事之间的矛盾，你应该采取主动态度，不妨尝试着抛开过去的成见，积极地对待这些人，至少要像对待其他人一样地对待他们，一点点地改进，过了一段时间后，你与同事之间的矛盾就如同阳光下的水一蒸发便消失了一样。总之，积极的人际交往，良好的人际关系，可以使人精神愉快，情绪饱满，充满信心，保持乐观的人生态度。相反，如果缺乏积极的人际交往，不能正确地对待自己和别人，则容易形成精神上、心理上的巨大压力，难以化解心理矛盾。因此，在与同事交往时，更需要相互之间的支持与理解。

参考文献

［1］阿诺德·格鲁恩．同情心的丧失．北京：经济日报出版社，2001

［2］程福财．流浪儿童主观幸福感的实证研究．青年研究，2008（3）：11～17

［3］黄敏红等．从心理弹性与社会支持看流浪儿童救助．当代教育科学，2009（9）：55～57

［4］胡俊娟，庞东辉．社会工作心理学．北京：中国轻工业出版社，2003

［5］郭晓莉．我国城市流浪女童问题研究．郑州大学硕士学位论文，2005

［6］鞠青等．中国流浪儿童研究报告．北京：人民出版社，2008

［7］乐章．社会救助学．北京：北京大学出版社，2008

［8］乐国安．中国社会心理学进展．天津：天津人民出版社，2004

［9］李晓东，陈怡，高秋凤．流浪儿童的性格与行为特点研究．华南师范大学学报（社会科学版），2007（6）：126～160

［10］刘志红．流浪未成年人的心理特征与心理救助．湖南师范大学教育科学学报，2008，7（1）：123～128

［11］马立骥，张伯华．心理咨询学．北京：北京科学技术出版社，2005

［12］皮斯等．身体语言密码．王甜甜，黄佼译．北京：中国城市出版社，2007

［13］钱铭怡．心理咨询与心理治疗．北京：北京大学出版社，1994

［14］乔·纳瓦罗，马文·卡尔林斯．FBI 教你破解身体语言．王丽译．长春：吉林文史出版社，2009

[15] 秦敏．我国流浪儿童社会救助问题研究——宝鸡新星流浪儿童援助中心的个案分析．西北大学硕士学位论文，2007

[16] 王玲，刘学兰．心理咨询．广州：暨南大学出版社，2005

[17] 王保庆．中国乞丐调查：我国城区乞讨群体现状与对策研究．北京：人民出版社，2008

[18] 吴念阳，张东昀．青少年亲子关系与心理健康的相关研究．心理科学，2004，27（4）：812～816

[19] 肖冬冬．关于完善流浪儿童社会救助体系的研究．暨南大学硕士学位论文，2009

[20] 谢琼．新时期流浪儿童的十大特征——对北京市未成年人救助保护中心的调查．中国民政，2007（2）：39～40

[21] 薛在兴．社会排斥理论与城市流浪儿童问题研究．青年研究，2005（10）：1～13

[22] 杨凤池．心理咨询学．北京：人民卫生出版社．2007

[23] 杨春．流浪儿童救助中政府与民间组织合作机制研究．苏州大学硕士学位论文，2009

[24] 易云飚．论测谎的原理、技术因素及其价值取向．科技进步与对策，2001（6）：163～164

[25] 俞彬彬，崔丽娟，尹亭亭．自尊、防御机制与流浪儿童偏差行为的关系研究．心理科学，2008，31（6）：1369～1372

[26] 余丹．贵阳市流浪儿童问题研究——基于个案分析．贵州大学硕士学位论文，2008

[27] 于晓辉．流浪儿童救助保护法律问题研究．河北师范大学硕士学位论文，2008

[28] 张波．组织残疾人、儿童乞讨罪研究．华东政法大学硕士学位论文，2008

[29] 郑颖虹．宁波市流浪儿童救助多方合作模式研究．同济大学硕士学位论文，2008

[30] Luthar，S. S.，Cicchetti，D. &Becker，B. The construct of resilience：a critical evaluation and guidelines for future work. *Child Development*，2000（71）：543～562

[31] Jackson，Y.，Warren，J. S. Appraisal，social support，and life events：

Predicting outcome behaveior in school-age children. *Child Development*, 2000 (71): 1441 ~ 1457

[32] M. Raffaelli, S. H. Koller, N. Arajo de Morais. Assessing the development of Brazilian street youth. *Vulnerable Children and Youth Studies*, 2007, 2 (2): 154 ~ 164

[33] Krum, and Denise R. Bandeira. Gender differences in brazilian street youth's family circumstances and experiences on the street. *Child Abuse and Neglect*, 2000, 24 (11): 1431 ~ 1441

[34] Kuschick, Fernanda M. b. Krum, Denise R. Bandeirazz. How do Brazilian street youth experience "the street": Analysis of a sentence completion task. *Childhood*, 2001, 8 (3): 396 ~ 415

后记

《心理辅导与社会救助》一书终于完成了，这本书是广州市救助站与华南师范大学心理学系合作的结晶。全书由华南师范大学心理学系的王玲教授拟定出初步的写作框架，再由广州市救助站徐福宪站长提出修改意见。由于国内尚未有同类的书籍，因此为了更好地完成此书的编写工作，在动笔之前，王玲教授带领她的研究生们专门到广州市救助站进行了为期3个月的实地考察和研究，获取了丰富的第一手资料。广州市救助站的领导和工作人员为此项调研提供了一切必要的支持，包括物质及经验上的支持。

全书共九章内容，主要包括心理辅导的理论基础、实施心理救助的方法与技术以及救助管理工作人员的素质培养等。编写此书的过程中，我们力求体现科学性、实用性，以期对救助管理中的心理救助提供有效的指引。全书具体分工如下：第一章（王玲）、第二章（黄志娟）、第三章（李彦涛、王玲）、第四章（王惠敏、王玲）、第五章（彭颖淑、王玲）、第六章（张丽玲、王玲）、第七章（李晟鹏）、第八章（陈日瞻）、第九章（李彦涛、张丽玲、王玲），最后由王玲负责统稿。广州市救助站的钟伯星主任也参与了本书文字修订方面的工作。

由于水平和经验的限制，书中难免有不当之处，敬请读者和同行批评指正。

编　者

2010年6月